大学入試

20日間
完成

レベル別

英文法問題
Solution
Last Spurt

ソリューション ラストスパート

2

ハイレベル

JN107059

別 冊 問 題

DAY 1

月　　日（　）

1 次の各文の（　　）に入れるのに最も適当なものを、それぞれ下の①～④のうちから1つずつ選びなさい。

1 After studying hard for years, he was able to (　　) his main goal.
① reach　　② look　　③ blown　　④ belong

（東京理科大　工）

2 Mary told me that her study trip to America was wonderful. I wish I (　　) in that too.
① participated　　② had participated
③ will participate　　④ have participated

（法政大　経済）

3 I am very sorry (　　) outside for a long time.
① to kept you waited　　② to have kept you waiting
③ you were kept to waiting　　④ that you were kept waited

（青山学院大　教育人間科）

4 Albert Einstein developed the theory of relativity, (　　).
① the basis of modern physics
② it is the basis of modern physics
③ that is the basis of modern physics
④ in which the basis of modern physics

（法政大　デザイン工）

5 The newspaper (　　) that a good harvest of rice was expected.
① told　　② talked　　③ spoke　　④ said

（青山学院大　経済）

6 Her team members have expressed dissatisfaction (　　) her decision.
① on　　② of　　③ with　　④ to

（中央大　法）

7 Let's have (　　) at the features and updates of the software.
① a look　　② looking　　③ looks　　④ the look

（学習院大　文・理）

8 I suggest ( ) Professor Tanaka.
① that you will see　② you seeing
③ you to see　④ you see　　　（法政大　情報科）

9 I would like to focus on the three key ( ) of success.
① graduates　② inabilities　③ ingredients　④ diversities
（中央大　法）

10 He can hardly speak English, much ( ) Latin.
① more　② less　③ most　④ least
（関西学院大　経）

2 次の各文において、日本語があるものはそれを参考にしながら、それぞれ下の語句を並べかえて空所を補い、最も適当な文を完成させなさい。ただし、文頭にくるものも小文字で示してあります。

1 2、3分お時間をいただけますか？
Do you ( ) ( ) ( ) ( ) ( ) ( ) ( ) ( ) me?
① spare　② couple　③ to　④ minutes
⑤ of　⑥ have　⑦ for　⑧ a　　　（関西学院大）

2 Martin Luther King was a great speaker ( ) ( ) ( )
( ) ( ) support the Civil Rights Movement.
① inspired　② people　③ speeches　④ to
⑤ whose　　　（青山学院大　文）

3 ( ) ( ) ( ) ( ) ( ) ( ) there alone?
① made　② she　③ think　④ went
⑤ what　⑥ you　　　（東京理科大　薬）

4 ジェシカは、男が危険を知らせるかのように彼女に手を振っているのに気付いた。
Jessica noticed ( ) ( ) ( ) ( ) ( ) ( ) ( )
( ) danger.
① a man　② as　③ her　④ his hands
⑤ if　⑥ of　⑦ warning　⑧ waving　　　（金沢工業大）

5 私はその時謝罪すべきだったのかもしれないが、何か引っかかって謝罪の意を口に出せなかった。

□□□

I probably should have apologized then, but (   ) (   ) (   ) (   ) (   ) (   ) expression of apology.

① me   ② something   ③ any   ④ prevented

⑤ from   ⑥ making   （中央大　商）

---

3 次の各文において、間違っている箇所を①〜④の中からそれぞれ1つずつ選び、正しい形に変えるか削除しなさい。

1 I had ① seen American medicine ② work, but now I was seeing a

□□□ completely different system ③ brought comfort to a ④ terminally ill woman.

（立教大　理）

2 ① Before, mother of three Karin Beese ② used to wondering about

□□□ her family's personal contribution to climate change. When she heard about a project ③ inviting 100 Berlin households to try and get their annual carbon dioxide emissions to 40 percent ④ below the German average, she saw it as the perfect opportunity to take action.

（中央大　法）

3 ① Since I know Jane had a period of great ② difficult when she was

□□□ young, I am very ③ much impressed by her current ④ success.

（学習院大　法）

4 ① Despite their importance, ② few studies have investigated the

□□□ features of populist communication on social media, which has changed the way ③ of politicians ④ communicate with voters.

（青山学院大　社会情報）

5 ① Regardless our office will move from Osaka to Tokyo, we will

□□□ continue ② to provide our ③ valued customers with the same service of ④ much higher quality.

（東京理科大　経営）

D A Y 2

月　　日（　）

1　次の各文の（　　　）に入れるのに最も適当なものを、それぞれ下の①〜④のうち
　から１つずつ選びなさい。

1 □□□ If we had known about his car accident at that time, we （　　　） our plan.
① changed　　　　② have changed
③ had changed　　　④ would have changed　　　（青山学院大　文）

2 □□□ Sarah is working as a research assistant in a laboratory （　　　） her mother used to work.
① what　　② where　　③ how　　④ whom
（関西学院大　文・法）

3 □□□ She was sitting on the bench with （　　　）.
① closed her eyes　　② closing her eyes
③ her eyes closed　　④ her eyes close　　（関西学院大　神・文）

4 □□□ （　　　）, he arrived on time.
① Despite of the traffic jam　　② Despite there was a heavy traffic
③ Despite the traffic jam　　④ No matter of the traffic jam
（法政大　情報科）

5 □□□ The museum takes pride （　　　） offering several special exhibitions every year.
① in　　② of　　③ on　　④ to　　（学習院大　文・理）

6 □□□ （　　　） could the president have imagined just how prophetic her words would be.
① Little　　② More　　③ No less　　④ Not　　（中央大　法）

7 □□□ The government always says that the economic （　　　） is bright.
① detestation　② recitation　③ sanction　④ outlook
（中央大　国際経営）

8 There is an ongoing debate about whether animals ( ) than humans have the ability to communicate complex ideas.
① except ② other ③ rather ④ similar

（立教大　異文化コミュニケーション）

9 In spite of the danger, they ( ) to skate on the ice when it started to melt.
① continued ② discussed ③ refused ④ urged （立教大　経済）

10 It ( ) at least 15 years since we lost as much as we did this quarter.
① was ② has been ③ had been ④ won't have been

（明治大　経営）

---

2 次の各文において、日本語があるものはそれを参考にしながら、それぞれ下の語句を並べかえて空所を補い、最も適当な文を完成させなさい。

1 雨が降っていないか窓から見てもらえませんか？
Could you please ( ) ( ) ( ) ( ) ( ) ( )
( ) ( ) it is raining?
① if ② look ③ of ④ window
⑤ the ⑥ out ⑦ see ⑧ to （関西学院大）

2 There was a young American photographer with me and I ( )
( ) ( ) ( ) ( ) in creating a perfect scene.
① caught ② get ③ him ④ saw
⑤ up （青山学院大　文）

3 Rome's military technology ( ) ( ) ( ) ( ) ( )
( ) ( ) and regions.
① countries ② other ③ of ④ superior
⑤ that ⑥ to ⑦ was （東京理科大　理工）

4 Joan overslept and missed the class today. But I believe she is
( ) ( ) ( ) ( ) ( ) ( ) mistake again.
① a ② enough ③ not ④ such
⑤ to make ⑥ wise （中央大　法）

5 She ( ) ( ) ( ) ( ) ( ).
① aloud   ② her little daughter   ③ listened
④ reading   ⑤ to   （大阪医科大）

3 次の各文において、間違っている箇所を①～④の中からそれぞれ１つずつ選び、正しい形に変えるか削除しなさい。

D
A
Y

1
2
3
4
5
6
7
8
9
10
11
12
13
14
15
16
17
18
19
20

1 "We talk to them about it regularly, but at the same time we don't want to frighten them — if you think about ① all the impacts of climate change, that can bring up plenty of fears. So we try to ② discuss about this with them in a way that is easy for children to understand." That ③ has involved starting with little things such as ④ getting the children growing vegetables in the small plot next to their apartment.
（中央大　法）

2 Turbulence is one of the ① endure mysteries of physics. After more than a century of studying it, we have only ② come up with a few answers ③ about how it works and ④ affects the world around us.
（立教大　理）

3 I ① wonder if the time may come ② before long ③ in that we ④ will be able to travel freely.
（青山学院大　社会情報）

4 It was once ① assumed by scientists ② when elephants, ③ the heaviest living land animals, were incapable of ④ swimming.
（学習院大　文・理）

5 The long-term ① employee demanded ② that she ③ was given all of the back pay owed to her ④ with interest.
（東京理科大　経営）

DAY 3

月　　日（　）

1 次の各文の（　　　）に入れるのに最も適当なものを、それぞれ下の①〜④のうちから１つずつ選びなさい。

1 By the time the cyclists reach Souyamisaki, they (　　　) over 2,700 kilometers.

① rode　　　　　　　　　　② had ridden
③ will be riding　　　　　　④ will have ridden　　　（明治大　経営）

2 It was very (　　　) of you to call him an ambulance so quickly. You probably saved his life.

① sensuous　② senseless　③ sensible　④ sensitive
（青山学院大　経済）

3 Now that my sister has short hair, she has her hair (　　　) at a hair salon every other month.

① be cut　　　② cut　　　③ cutting　　　④ to cut
（関西学院大　文・法）

4 She (　　　) the noise we were making.

① complained on　　　　② complained about
③ complained　　　　　④ complained for　　　（法政大　情報科）

5 (　　　) it's rock climbing and hiking or just hanging out with friends, this summer program has something for everyone.

① Although　　② Whether　　③ Nevertheless　　④ As
（青山学院大　理工）

6 My friend warned me not to (　　　) to his brother when he was watching a soccer game on TV.

① discuss　② inform　③ talk　④ tell　（学習院大　経済）

7 In her speech, the president (　　　) that the UN should set up an independent center to address global warming.

① produced　　　　　② progressed
③ promoted　　　　　④ proposed　　　（中央大　法）

8 In attempting to influence the moral views of others, activists
□□□ sometimes employ pictures as tools of moral (　　).
① permeate ② perfume
③ persuasion ④ prolong （東京理科大　工）

9 I will wait for you (　　) next Sunday.
□□□ ① by ② since ③ until ④ in
（関西学院大　神・商）

10 Would you prefer e-mailing to (　　) if you need to contact me?
□□□ ① call ② calling ③ be called ④ be calling
（青山学院大　教育人間科）

2 次の各文において、日本語があるものはそれを参考にしながら、それぞれ下の語
句を並べかえて空所を補い、最も適当な文を完成させなさい。

1 一番列車に乗るために、彼は早起きをした。
□□□ He got (　　) (　　) (　　) (　　) (　　) (　　) (　　) (　　)
first train.
① early ② that ③ so ④ could
⑤ he ⑥ catch ⑦ up ⑧ the （関西学院大）

2 We went (　　) (　　) (　　) to the museum (　　) (　　)
□□□ (　　) that it is closed on Mondays.
① find ② the ③ all ④ to
⑤ only ⑥ way （青山学院大）

3 What are (　　) (　　) (　　) (　　) (　　) (　　) called?
□□□ ① articles ② for ③ newspapers ④ the people
⑤ who ⑥ write （東京理科大）

4 The software company made a public announcement about their
□□□ new product, the (　　) (　　) (　　) (　　) (　　) (　　) on
their website.
① be ② can ③ details ④ of
⑤ viewed ⑥ which （中央大　法）

5 I always wake up moments before my alarm clock rings, (　　)
（　　）（　　）（　　）（　　）（　　）it for.

① I 　　　　② matter 　　③ no 　　　　④ set

⑤ time 　　　⑥ what 　　　　　　　　　　　（法政大　情報科）

---

3 次の各文において、間違っている箇所を①～④の中からそれぞれ１つずつ選び、
正しい形に変えるか削除しなさい。

1 ① A woman of Asian descent talked about ② being harassed ③ on
the subway ④ because her appearance. 　　　（青山学院大　社会情報）

2 If ① there hadn't been for your timely advice just before we put our
plan ② into action, we ③ would have failed ④ in our project.

（立教大　文）

3 Since ① childhood, we have constantly ② been told that breakfast,
③ compared to all other meals, is by far the most important ④ ones.

（学習院大　文・理）

4 "The Charity All-You-Can-Eat Barbecue" ① had been extremely
popular ② with the public, but it was discontinued as profits were
low because ③ so many people ate ④ hamburgers as many as
possible. 　　　　　　　　　　　　　　　　　（東京理科大　経営）

5 We spent ① a great deal of time looking through ② a large number
of books to help her find ③ a little information about it, but she
knew ④ many of it already. 　　　　　　　　　　　　（中央大　文）

DAY 4

月　　日（　）

1 次の各文の（　　　）に入れるのに最も適当なものを、それぞれ下の①～④のうちから１つずつ選びなさい。

1 □□□ The population of Japan is expected to be less than (　　) in forty years.
　① three-four　　　　　　② three-fours
　③ three-fourth　　　　　④ three-fourths　　　　（創価大　経）

2 □□□ I'm afraid I cannot make myself (　　) in German.
　① understanding　　　　② understood
　③ to understand　　　　④ understand　　　　（中央大　理工）

3 □□□ If the government makes proper use (　　) existing funds, taxes could probably be reduced.
　① of　　　　② over　　　　③ to　　　　④ under
　　　　　　　　　　　　　　　　　　　　　　　　（関西学院大　神・文）

4 □□□ The latest version of the software has support for this issue (　　) older versions do not.
　① neither　　② either　　③ while　　④ so　　（中央大　理工）

5 □□□ (　　) students in my class prepare their own lunch boxes every day.
　① Most　　② Most of　　③ Almost　　④ Almost the
　　　　　　　　　　　　　　　　　　　　　　　　（明治大　経営）

6 □□□ The cold weather (　　) the leaves yellow.
　① turned　　② brought　　③ changed　　④ took
　　　　　　　　　　　　　　　　　　　　　　　　（法政大　デザインエ）

7 □□□ Not until the 1950s (　　) growth of modern industry in Japan.
　① any significant was　　　② there were any significant
　③ was of any significance　④ was there any significant
　　　　　　　　　　　　　　　　　　　　　　　　（青山学院大　社会情報）

8 The new law must first be approved by (　　　).
- [ ][ ][ ]
① Parliament　　　② Paradigm
③ Parlor　　　④ Parade
（東京理科大　工）

9 Mike and I (　　　) study together in the library when we were in high school.
- [ ][ ][ ]
① was used to　　　② having used to
③ were used to　　　④ used to
（法政大　経済）

10 Your worries are nothing (　　　) I am concerned about.
- [ ][ ][ ]
① what is compared　　　② to compare which
③ compared to what　　　④ comparing which is
（関西学院大　神・文）

---

2 次の各文において、日本語があるものはそれを参考にしながら、それぞれ下の語句を並べかえて空所を補い、最も適当な文を完成させなさい。

1 最新の報告書は、地球温暖化についての彼らの認識を一層高めるのに役立った。
- [ ][ ][ ]
The latest (　　) (　　) (　　) (　　) (　　) (　　) (　　) (　　) warming.
① them　　② of　　③ global　　④ helped
⑤ aware　　⑥ make　　⑦ more　　⑧ report
（関西学院大）

2 大震災後、命ほど大切なものはないことを人々は思い知らされた。
- [ ][ ][ ]
After the great earthquake, people (　　) (　　) (　　) (　　) (　　) (　　) (　　) (　　) life.
① is　　② more　　③ nothing　　④ precious
⑤ reminded　　⑥ than　　⑦ that　　⑧ were
（名城大　法）

3 はるか上空で、大きな鳥が楽々と飛んでいるようでした。
- [ ][ ][ ]
Far above us, a large (　　) (　　) (　　) (　　) (　　) (　　) effortlessly.
① along　　② be　　③ bird　　④ flying
⑤ seemed　　⑥ to
（中央大　経済）

4 X-ray machines ( ) ( ) ( ) ( ) ( ) ( ) that can provide clearer images of the human body.

① by ② to ③ machines ④ are
⑤ be ⑥ replaced

（法政大　情報科）

5 近頃では、大切なことを話し合える友が少ない。
There are so few friends these days with ( ) ( ) ( ) ( ) ( ) ( ) ( ) ( ).

① about ② can ③ I ④ matter
⑤ talk ⑥ that ⑦ things ⑧ whom

（東京理科大　理）

3 次の各文において、間違っている箇所を①～④の中からそれぞれ1つずつ選び、正しい形に変えるか削除しなさい。

1 Having written ① way over a hundred research papers, ② it should be noted that she was praised not ③ so many for the number of papers ④ as for the landmark findings.

（青山学院大　社会情報）

2 The doctor ① advised Lucy ② to lie in bed for a couple of days ③ before she ④ will come back to work.

（立教大　文）

3 Earth's land area ① makes up of seven continents, but people ② have divided much of the land ③ into smaller political units ④ called countries.

（学習院大　文・理）

4 ① Unless I hear from you ② until the end of this week, I don't have ③ any option but ④ to take this problem to the police.

（東京理科大　経営）

5 It really is better ① to ask for help instead of ② pretend to know ③ how to do something when you are probably not ④ capable of doing it at all.

（中央大　文）

D
A
Y

1
2
3
4
5
6
7
8
9
10
11
12
13
14
15
16
17
18
19
20

DAY 5

月　　日（　）

1 次の各文の（　　　）に入れるのに最も適当なものを、それぞれ下の①～④のうち から1つずつ選びなさい。

1 （　　　）, I desperately asked a man sitting next to me for help.
□□□　① Know what to be done　　② Being not known what to do
　　　　③ Knowing what to do　　　④ Not knowing what to do

（関西学院大）

2 She would not play soccer in the rain for (　　) of catching cold.
□□□　① anxiety　　② fear　　③ fright　　④ worry　　（学習院大　文・理）

3 (　　) the printer in our department was out of order, we had to
□□□　ask the science department if we could use theirs.
　　　　① Thus　　② Despite　　③ As　　④ However　　（法政大　経済）

4 Don't get me (　　). I'm just trying to encourage you.
□□□　① sensible　　② about　　③ justice　　④ wrong　　（東京理科大　工）

5 If global warming continues (　　) the present rate, sea levels will
□□□　rise very quickly.
　　　　① at　　② to　　③ in　　④ for　　（中央大　商）

6 The professor gave us (　　) advice.
□□□　① an　　　　　　　　　② many pieces of
　　　　③ many　　　　　　　④ a large number of　　（駒澤大　文）

7 We got rid of all (　　) one of our credit cards to simplify our
□□□　finances.
　　　　① and　　② for　　③ but　　④ as　　（獨協大　外国語）

8 The city official ordered that the building (　　).
□□□　① should pull down　　② be pulled down
　　　　③ does pull down　　　④ to be pulled down　　（福岡大　人文）

9 We have released several products recently, all of ( ) are selling well.
① which ② such ③ they ④ what （獨協大　外国語）

10 This was their first time to see Kinkakuji, even though they ( ) Kyoto a few times before.
① had visited ② have been visited
③ were visiting ④ would visit （関西学院大　経）

2 次の各文において、日本語があるものはそれを参考にしながら、それぞれ下の語句を並べかえて空所を補い、最も適当な文を完成させなさい。1語不要の表記がある問題は、選択肢の中に不要な語が1つあります。

1 Never have ( ) ( ) ( ) ( ) ( ) ( ) in public.
① seen ② like ③ that ④ I
⑤ behave ⑥ her （青山学院大　文）

2 私の記憶力は今よりも以前の方がずっと良かったです。
My memory used ( ) ( ) ( ) ( ) ( ) ( ) is now.
① be ② better ③ it ④ much
⑤ than ⑥ to （中央大　経済）

3 I cannot thank my parents ( ) ( ) ( ) ( ) ( ) with great care.
① for ② up ③ enough ④ us
⑤ bringing （法政大　情報科）

4 どこに行くのか、どのくらいの期間旅行をするのかに応じて、スーツケースのサイズは慎重に選びましょう。（1語不要）
The size of suitcases should be carefully selected ( ) ( ) ( ) ( ) ( ) to go and how long you want to travel.
① depending ② do ③ on ④ you
⑤ want ⑥ where （日本女子大　文・理）

5 その著者は2冊目の本ではじめて世界中の人々から注目を集めた。

□□□ It was ( ) ( ) ( ) ( ) ( ) ( ) ( ) ( ) from people around the world.

① attention　　　② attracted　　　③ his

④ not　　　　　　⑤ second book　　⑥ that

⑦ the author　　　⑧ until　　　　　　(関西学院大　文)

---

[3] 次の各文において、間違っている箇所を①〜④の中からそれぞれ１つずつ選び、正しい形に変えるか削除しなさい。

1 If the teachers ① have permitted their students to take ② home the

□□□ tablet devices used in the classroom last semester, the students now ③ would experience ④ less trouble in online learning.

(青山学院大　社会情報)

2 We had to wait ① the other three weeks ② until she came back

□□□ from Europe to settle the problem ③ by telling us what ④ had happened.　　(立教大　文)

3 After 135 ① launches, the United States ② ended its space shuttle

□□□ program ③ with the safe landing of the *Atlantis* shuttle ④ in July 21, 2011.　　(学習院大　文・理)

4 Simple as it ① may seem, seasoning salad ② with just salt and olive

□□□ oil ③ have been the most popular way to eat ④ greens in Europe.

(東京理科大　経営)

5 In recent decades, scientists ① have taken up the challenge of

□□□ ② studying scientifically ③ how really makes people ④ happy.

(中央大　文)

DAY 6

1 次の各文の（　　）に入れるのに最も適当なものを、それぞれ下の①〜④のうちから1つずつ選びなさい。

1 My family likes to listen to classical music, but (　　) me, I prefer to listen to rap music.
① up to　　② in to　　③ as for　　④ in for

（青山学院大　理工）

2 (　　) more restrictions have been placed on industrial waste, our rivers and lakes have become less polluted.
① With　　② Before　　③ In　　④ Since

（中央大　商／改）

3 The doctor claimed that if he wasn't going to (　　) her advice, there was no reason to continue coming in for treatment.
① follow　　② care　　③ worry　　④ listen　　（中央大　商）

4 (　　) was it like growing up in such an old and traditional city as Kyoto?
① Which　　② What　　③ When　　④ Where　　（関西学院大）

5 At no time (　　) I thought of such an absurd thing.
① did　　② have　　③ should　　④ would　　（立教大　文）

6 When working on several tasks at once, such as talking on the phone, checking your e-mail, and writing a report, you can easily lose the focus (　　) to adequately complete one item.
① made　　② needing　　③ pointing　　④ required

（中央大　法）

7 If you have any questions about basketball, he's second to (　　). He has a lot of knowledge and experience.
① none　　② any　　③ worst　　④ best

（青山学院大　教育人間）

8 He saw the smartphone he thought he had lost (　　) on his
☐☐☐ couch.
 ① lied ② to lie ③ lying ④ lies （獨協大　外国語）

9 Beth：Are you going shopping with me?
☐☐☐ Paul：No, I'll be at home watching TV until (　　).
 ① you came back   ② you come back
 ③ you will be back   ④ you will have come back
                （愛知学院大）

10 Most days I get home from (　　) by 7:00 p.m.
☐☐☐ ① labor ② job ③ task ④ work （法政大　情報科）

---

2 次の各文において、日本語があるものはそれを参考にしながら、それぞれ下の語句を並べかえて空所を補い、最も適当な文を完成させなさい。1 語不要の表記がある問題は、選択肢の中に不要な語が1つあります。

1 Even if the things found in ancient graves (　　) (　　) (　　)
☐☐☐ part of the dead person's possessions in life, they (　　) (　　)
by one or more persons at the time of the funeral.
 ① were ② have ③ selected ④ may
 ⑤ been   （青山学院大　文）

2 このコンピューターは修理できると思いますか。
☐☐☐ Do (　　) (　　) (　　) (　　) (　　) (　　) this computer?
 ① fix ② it's ③ possible ④ think
 ⑤ to ⑥ you   （中央大　経済）

3 The committee put trash boxes all over campus, (　　) (　　)
☐☐☐ (　　) (　　) (　　) clean.
 ① it ② to ③ keep ④ help
 ⑤ hoping   （法政大　情報科）

4 彼がどんなによい子か、あなたには想像がつかない。(1語不要)
☐☐☐ You can't imagine (　　) (　　) (　　) (　　) (　　) is.
 ① a ② boy ③ good ④ he
 ⑤ how ⑥ very   （東京理科大　理）

5 昨晩、地下鉄から降りるときに財布を盗まれてしまった。

□□□ I ( ) ( ) ( ) ( ) ( ) ( ) ( ) ( ) last night.

① getting　　② had　　③ my
④ off　　⑤ stolen　　⑥ the subway
⑦ wallet　　⑧ when
（関西学院大　文）

[3] 次の各文において、間違っている箇所を①～④の中からそれぞれ１つずつ選び、正しい形に変えるか削除しなさい。

1 I was surprised that your sister didn't ① oppose to ② such an
□□□ unreasonable ③ demand, and ④ neither did you.
（青山学院大　社会情報）

2 ① Despite her popularity, she knew that ② by the age of fifty she
□□□ ③ will have already ④ used up her talent.
（学習院大　文・理）

3 Camping ① in the mountains is tough ② if you are not used to
□□□ ③ sleep in cold and ④ wet weather.
（東京理科大　経営）

4 The latest version of this video game can be played ① for free for a
□□□ short period of time, so ② I advise to you to hurry up and ③ take
advantage of this great opportunity now, ④ or else you'll miss out.
（南山大）

5 For half of every year, one of the earth's poles is pointed toward
□□□ the sun and ① the other is ② pointed away from it. This is the
reason why ③ the both poles don't see the sun for months. It is
④ the same reason why we have different seasons.
（畿央大）

D
A
Y

1
2
3
4
5
6
7
8
9
10
11
12
13
14
15
16
17
18
19
20

1 次の各文の（　　　）に入れるのに最も適当なものを、それぞれ下の①〜④のうち
から1つずつ選びなさい。

1 The new Director (　　　) Transport used to work for the airline
□□□ industry.

① at　　　　② besides　　③ of　　　　④ on

（青山学院大　社会情報）

2 (　　　) I got to the school, the class had already started.
□□□ ① By the time　② Since　　③ Until　　④ While　　（関西学院大）

3 My brother (　　　) himself to baseball from an early age.
□□□ ① delivered　② donated　③ devoted　④ depended

（南山大　人文・経営）

4 No one in the class can (　　　) him at math.
□□□ ① deny　　② win　　③ equal　　④ agree

（関西学院大　文・法）

5 This rule is too old-fashioned — it (　　　) several years ago.
□□□ ① should have been modified
② had not modified
③ must have modified
④ should not be modified　　（駒澤大）

6 He made it (　　　) that he was unwilling to run for the election.
□□□ ① know　　② knew　　③ to know　　④ known　　（創価大　経）

7 Had you arrived on time, you (　　　) the answer to that question.
□□□ ① knew　　② know　　③ will know　　④ would know

（立命館大　法）

8 I am looking for new curtains to go (　　　) my room which has light blue walls.

① as　　　　② for　　　　③ on　　　　④ with　　　（中央大　法）

9 The company has been (　　　) dropping support for older products that are still widely used.

① eager
③ worth

② criticized for
④ announcing that　　　（法政大　経済）

10 Don't criticize his idea (　　　) his back.

① behind　　② from　　③ over　　④ under　　（学習院大　文）

---

2 次の各文において、日本語があるものはそれを参考にしながら、それぞれ下の語句を並べかえて空所を補い、最も適当な文を完成させなさい。1語不要の表記がある問題は、選択肢の中に不要な語が1つあります。

1 The aims of the collaborative research project were very simplified, (　　) (　　) (　　) (　　) (　　) to set up the intermediate steps toward the goal.

① attempt　　② been　　③ having　　④ made
⑤ no　　　　　　　　　　　　　　　　　　（青山学院大　文）

2 正直が割に合わない事例が多い。

There are a lot of (　　) (　　) (　　) (　　) (　　) (　　) pay.

① cases　　② does　　③ honesty　　④ in
⑤ not　　　⑥ which　　　　　　　　　　　（中央大　経済）

3 その映画は9時になってやっと始まった。(1語不要)

Not (　　) (　　) (　　) (　　) (　　).

① begin　　② did　　③ finally　　④ nine o'clock
⑤ until　　⑥ the movie　　　　　　　　（東京理科大　理）

4 その記事を翻訳するのは我々が予想していたよりも労力がいらなかった。

It (　　) (　　) (　　) (　　) (　　) (　　) (　　) expected.

① had　　② less effort　　③ than　　④ the article
⑤ translate　　⑥ took　　⑦ to　　⑧ we　　（関西学院大　文）

5 ハッキング防止のため、パスワードは少なくとも年に一度は変更することをお勧めします。(1語不要)

☐☐☐ We suggest that your password (　　) (　　) (　　) (　　)
(　　) (　　) (　　) (　　) prevent hacking.

① a　　　　　② at　　　　　③ be　　　　　④ changed
⑤ least　　　⑥ must　　　　⑦ once　　　　⑧ to
⑨ year

(日本女子大　文・理)

---

3 次の各文において、間違っている箇所を①〜④の中からそれぞれ1つずつ選び、正しい形に変えるか削除しなさい。

1 I don't think ① it has an unreasonable demand ② at all for
☐☐☐ ③ employees to want ④ higher salaries.
(自治医科大　看護)

2 My parents ① insisted that I ② study medicine rather than law, but I
☐☐☐ finally ③ ended up ④ to choose the latter as the subject of my
studies.
(立教大　文)

3 Before Obama ① became a presidential candidate, I had never
☐☐☐ ② seen so ③ much white people cheer on a black man who was
④ neither an athlete nor an entertainer.
(学習院大　文・理)

4 We have been ① approached to by ② a number of companies ③ that
☐☐☐ are interested ④ in our product.
(自治医科大　看護)

5 ① On the advices of his parents, George ② gave up his plan to sail
☐☐☐ ③ across the Pacific. So he decided to go skydiving in Russia
④ instead.
(南山大　総合政策)

1 次の各文の（　　）に入れるのに最も適当なものを、それぞれ下の①〜④のうちから1つずつ選びなさい。

1 He ate (　　) bread each morning.
① a　　　② a few　　　③ many　　　④ some　　（立命館大　法）

2 (　　) I hear from you within three days, I will have to postpone our meeting.
① While　　② Although　　③ Unless　　④ Because
（関西学院大）

3 My brother caught his friends (　　) in the neighbors' outdoor pool without permission.
① swimming　② swim　　③ swam　　④ swum　　（東海大　教養）

4 Tim and his brother look exactly alike (　　) that Tim is a little taller.
① against　　② before　　③ except　　④ without
（中村学園大　栄養）

5 The total fee for summer school (　　) how many courses you take.
① counts on　　② depends on　　③ relies on　　④ turns on
（立教大　異文化コミュニケーション）

6 I would like you to slice some tomato and onion. (　　), I'll start making the pizza dough.
① Therefore　② However　　③ Whereas　　④ Meanwhile
（南山大　外国語）

7 The researcher could (　　) a new method to analyze the data.
① have used　② used　　③ use to　　④ be used
（東京薬科大　生命科）

8 ( ) all the presentations over, Kelly left the conference.
□□□ ① Because ② Since ③ When ④ With （金沢工業大）

9 His mother made ( ) room before he could go out to play.
□□□ ① he tidy his ② his tidy his
③ him tidy his ④ his tidy him （東海大　文化社会）

10 After I ( ) two thousand Spanish words, I should be able to
□□□ read a Spanish newspaper.
① am learning ② have learned
③ will have learned ④ will learn （立教大　経営）

2 次の各文において、日本語があるものはそれを参考にしながら、それぞれ下の語
句を並べかえて空所を補い、最も適当な文を完成させなさい。１語不要の表記が
ある問題は、選択肢の中に不要な語が１つあります。

1 All right. Now I know where you are. Just walk to the corner, and
□□□ ( ) ( ) my dad ( ) ( ) ( ) ( ) there.
① up ② pick ③ to ④ for
⑤ wait ⑥ you （青山学院大　コミュニティ人間科）

2 一体あなたは何が言いたかったのですか。(1語不要)
□□□ What ( ) ( ) ( ) ( ) ( ) to say?
① earth ② it ③ that ④ wanted
⑤ was ⑥ you （東京理科大　理）

3 ネット配信のおかげでだれでもニュースキャスターになることが可能である
□□□ と考える人もいる。
Some people think that online streaming ( ) ( ) ( )
( ) ( ) ( ) ( ) broadcaster.
① a ② be ③ everyone ④ for
⑤ it ⑥ makes ⑦ possible ⑧ to （関西学院大　文）

4
□□□ 健康体重を維持するのは年齢とともにずっと難しくなるので、食事に気をつけて運動量を増やさなければならない。（1語不要）

Maintaining a healthy body weight becomes （　　）（　　）（　　）（　　）（　　）（　　） older, so you have to eat appropriately and exercise more.

① as 　　② difficult 　　③ get 　　④ lot
⑤ more 　　⑥ much 　　⑦ you 　　　　（日本女子大　文・理）

5
□□□ The more （　　）（　　）（　　）（　　）, （　　）（　　）（　　） personal privacy is endangered.

① depend 　　② on 　　③ more 　　④ the
⑤ the internet 　　⑥ you 　　⑦ your 　　　（芝浦工大　工）

---

3 次の各文において、間違っている箇所を①〜④の中からそれぞれ1つずつ選び、正しい形に変えるか削除しなさい。

1
□□□ No matter ① what ② divided the Southerners and Northerners were, they all saw themselves as patriots fighting ③ for a country ④ to which they belonged.
（学習院大　文・理）

2
□□□ ① Having told by people that I did not have ② what it takes to be a star, I ③ too began to believe that I ④ would never become a successful singer.
（東京理科大　経営）

3
□□□ Media literacy is ① concerned at helping students ② develop and demonstrate ③ an understanding of the techniques used by mass media and ④ their impact.
（南山大　人文）

4
□□□ ① At the Christmas party, ② the chief's efforts will be rewarded ③ with a pen that looks ④ beautifully and was made in France.
（名城大　経営）

5
□□□ These days, children are constantly ① exposed to changing technology and all the distractions ② it provides. It's not unusual for children to have their own computers or smart phones that ③ connect them of social networks and ④ a wide range of information.
（畿央大）

D
A
Y

1
2
3
4
5
6
7
8
9
10
11
12
13
14
15
16
17
18
19
20

DAY 9

1 次の各文の（　　）に入れるのに最も適当なものを、それぞれ下の①〜④のうちから１つずつ選びなさい。

1 No sooner had I arrived at the station (　　) the train came in.
　　① before　　② or　　③ than　　④ until　　（学習院大　法・経）

2 These original book jackets are sold (　　) at the VICTORY Bookstore near the station. We can't find them at any other bookstore.
　　① similarly　　　　　② exclusively
　　③ simultaneously　　④ conclusively　　（青山学院大　教育人間科）

3 We would like to continue our (　　) of Mars in the future.
　　① achievement　　② position
　　③ qualification　　④ exploration　　（獨協大　外国語）

4 There's not much (　　) in the bottle.
　　① water to leave　　② water leaving
　　③ water left　　　　④ water having left　　（白百合女子大）

5 The management (　　) the customers that the restaurant would be open throughout the holiday season.
　　① communicated　　② informed
　　③ consulted　　　　④ explained　　（南山大　外国語）

6 Since I've been so critical of the academy, it wouldn't be right for (　　) the prize.
　　① I accept　　　② I were to accept
　　③ me to accept　　④ my accepting　　（立命館大　法）

7 There is plenty of (　　) for improvement in your English writing.
　　① measure　　② place　　③ range　　④ room
　　（立教大　異文化コミュニケーション）

8 ( ) he acted more sincerely, she might not have gotten upset.

① Having had   ② Were

③ Had   ④ Had been   （関西学院大）

9 We need to figure out what other things lead us to happiness ( ) eating, such as taking a walk, reading books, and watching movies.

① ahead   ② especially

③ additionally   ④ besides   （法政大　経済）

10 My friends recommended I ( ) to the movie. They said it was terrible.

① not go   ② not gone   ③ was not go   ④ was not gone

（亜細亜大　経済）

---

2 次の各文において、日本語があるものはそれを参考にしながら、それぞれ下の語句を並べかえて空所を補い、最も適当な文を完成させなさい。1 語不要の表記がある問題は、選択肢の中に不要な語が 1 つあります。

1 現代医学でも、彼の病気を治すことはできないように思われる。

It seems that even modern ( ) ( ) ( ) ( ) ( ) ( ) of that disease.

① curing   ② him   ③ incapable   ④ is

⑤ medicine   ⑥ of   （中央大　経済）

2 American businessmen have experienced more ( ) ( ) ( ) ( ) ( ) ( ) consumers here to buy their goods.

① than   ② trouble   ③ persuading   ④ anticipated

⑤ they   ⑥ in   （青山学院大）

3 その少年は、両親がそうするなと言ったのにもかかわらず、一人でそこへ行った。（1 語不要）

The boy went there alone, though ( ) ( ) ( ) ( ) ( ) ( ) to.

① had   ② him   ③ his   ④ not

⑤ parents   ⑥ said   ⑦ told   （東京理科大　理）

4 彼女はある本について話したが、そのタイトルを私は忘れてしまった。(1語不要)

□□□

She talked (　　) (　　) (　　), (　　) (　　) (　　) (　　) I cannot remember.

① a 　　② about 　　③ book 　　④ but
⑤ of 　　⑥ the 　　⑦ title 　　⑧ which

(日本女子大　文・理)

5 ガソリンを切らさないよう、われわれは気をつけなければならない。

□□□

We must (　　) (　　) (　　) (　　) (　　) (　　) (　　) of gas.

① don't 　　② that 　　③ we 　　④ see
⑤ to 　　⑥ out 　　⑦ it 　　⑧ run 　　(関西学院大)

---

3 次の各文において、間違っている箇所を①～④の中からそれぞれ1つずつ選び、正しい形に変えるか削除しなさい。

1 ① Heading for the meeting, John asked Paul ② drive faster so as to

□□□ ③ reach the office in the ④ shortest possible time. 　　(学習院大　文・理)

2 ① Misconduct in business deals is ② no worse now than ③ they

□□□ were twenty or thirty years ④ ago. 　　(東京理科大　経営)

3 ① Although Eiji was really tired, he could not ② fall sleep since he

□□□ had to do a lot of preparation ③ for the examination ④ on the following day. 　　(南山大　経済)

4 ① The students are forcing to do the experiment one more time.

□□□ ② They will have done ③ the same experiment 10 times now ④ because they do not get the same result. 　　(名城大　法)

5 Egyptian astronomers measured ① the length of a solar year ② so

□□□ precisely that they were able to make an accurate calendar. This knowledge also ③ helped it to calculate the time ④ when the Nile would flood. 　　(畿央大)

DAY 10

月　　日（　　）

1 次の各文の（　　　）に入れるのに最も適当なものを、それぞれ下の①〜④のうち
から1つずつ選びなさい。

1 I could not (　　　) if he was lying.
□□□ ① insist　　　② speak　　　③ talk　　　④ tell　　　（立命館大　法）

2 Researchers have long debated (　　　) Saturn's moon, Titan, has
□□□ oceans and lakes.
① over　　　　② whether　　③ which　　　④ about　　（法政大　経済）

3 I met my friends (　　　).
□□□ ① near at the station　　　　② the station nearby
③ nearby the station　　　　　④ near the station　　　（法政大　情報科）

4 (　　　) that the media was caught completely by surprise.
□□□ ① So shocking results were the election
② Shocking so were the election results
③ So shocking were the election results
④ Shocking so the election results were　　　（東海大　医）

5 Don't be silly. Your answer doesn't make any (　　　).
□□□ ① force　　　② logic　　　③ probability　　④ sense　　（立教大　理）

6 Uncertain of what to say, Todd felt he could do (　　　) but remain
□□□ silent.
① anything　　② everything　③ nothing　　④ something
（立教大　異文化コミュニケーション）

7 (　　　) for the scholarship, I wouldn't be here at Cambridge to
□□□ study English.
① But　　　② Within　　③ Unless　　④ Without
（関西学院大）

8 I've never timed myself, but it takes me ( ) half an hour from
□□□ the station to the library on foot.
① appreciatingly   ② appropriately
③ approvingly   ④ approximately   （中央大　法）

9 He ( ) with the difficult problem very well.
□□□ ① charged   ② compared   ③ consulted   ④ coped
（学習院大　文）

10 ( ), I get lost when walking in a strange city. It seems
□□□ inevitable.
① In the long run   ② More often than not
③ Off and on   ④ Once and for all   （青山学院大　経済）

2 次の各文において、日本語があるものはそれを参考にしながら、それぞれ下の語句を並べかえて空所を補い、最も適当な文を完成させなさい。ただし、文頭にくるものも小文字で示してあります。

1 そのような迅速な処置を行えば、かなりの手間は省けることでしょう。
□□□ Such ( ) ( ) ( ) ( ) ( ) a lot of trouble.
① will   ② prompt   ③ save   ④ you
⑤ treatment   （桜美林大）

2 一部の若者は道徳を束縛と考える傾向にある。
□□□ Some young people are ( ) ( ) ( ) ( ) ( )
( ) a restraint.
① as   ② inclined   ③ morality   ④ of
⑤ think   ⑥ to   （中央大　経済）

3 We human beings ( ) ( ) superior ( ) ( ) ( )
□□□ ( ) animals in terms of almost every capacity.
① are   ② inferior   ③ neither   ④ nor
⑤ other   ⑥ to   （青山学院大）

4 喜劇役者はこっけいに見せるよりは馬鹿げて見せる傾向がある。

□□□ The comedian ( ) ( ) ( ) ( ) ( ) ( ) ( )
( ) funny.

① a　　　② be　　　③ has　　　④ more
⑤ ridiculous　⑥ tendency　⑦ than　　⑧ to　　（京都女子大）

5 詩的言語によくあることなのだが、ひとつの語が同時に2つ以上の意味を表

□□□ すことがある。

( ) ( ) ( ) ( ) ( ) ( ) ( ) ( ), one
word can mean two or more things at the same time.

① language　② case　　③ with　　④ poetic
⑤ the　　　⑥ as　　　⑦ is　　　⑧ often　　（関西学院大）

3 次の各文において、間違っている箇所を①～④の中からそれぞれ1つずつ選び、
正しい形に変えるか削除しなさい。

1 There ① <u>are</u> a number of good reasons for people to move to ② <u>the</u>
□□□ <u>country</u> ③ <u>despite</u> of ④ <u>all the</u> inconvenience.　（学習院大　経済）

2 You need ① <u>some savings</u> to ② <u>fall back of</u> ③ <u>in case</u> you ④ <u>run into</u>
□□□ <u>trouble</u>.　（青山学院大　社会情報）

3 To enjoy the full flavors of fresh coffee, transfer the beans ① <u>to</u> an
□□□ airtight container ② <u>to keep out</u> moisture. ③ <u>Storage</u> the container
in a dark place ④ <u>at</u> room temperature, or in a freezer.　（南山大　経済）

4 Ken ① <u>got in</u> the taxi and asked the driver ② <u>how far</u> ③ <u>was it</u> ④ <u>from</u>
□□□ Shizuoka Station to the university.　（静岡大）

5 ① <u>Whenever I travel</u> to a new country, I ② <u>make it a rule to</u> eat only
□□□ local food. This is a way to learn about a culture through its food.
For me, food is ③ <u>not only a way</u> to nourish my body, but also a way
to ④ <u>satisfy me curiosity</u>.　（畿央大）

D A Y 11

月　　日（　）

1 次の各文の（　　）に入れるのに最も適当なものを、それぞれ下の①〜④のうち
から１つずつ選びなさい。

1 （　　）scientists warned the government not to sell the new drug,
it became a best-seller.
① Despite　　② Although　　③ However　　④ Indeed

（青山学院大　理工）

2 The campus will be closed（　　）Monday, September 4 due to
the typhoon.
① in　　② on　　③ at　　④ during　　（青山学院大　理工）

3 These empty plastic bottles are recycled and（　　）into usable
materials.
① replaced　　　　　　② transformed
③ removed　　　　　　④ transmitted　　（獨協大　外国語）

4 Grace has become a good writer. She writes much better than she
（　　）.
① use　　② use to　　③ used to　　④ was used to

（愛知学院大）

5 This newspaper（　　）published for about ten years in the early
20th century.
① has been　　　　　　② having been
③ is being　　　　　　④ was　　（立命館大　法）

6 After World War II, the number of patients with（　　）diseases
dropped drastically by the rapid improvement in public health.
① eternal　　② inevitable　　③ infectious　　④ heavy　　（中央大　商）

7 He tried to（　　）me that staying home was the only way to keep
out of trouble.
① convince　　② explain　　③ propose　　④ say　　（関西学院大）

8 I found it difficult to tell the truth when talking to a friend on the
□□□ phone, so I had to (　　) a story.
　① combine　　② detect　　③ invent　　④ pretend　（中央大　法）

9 My colleagues (　　) to hear that I wanted to leave the company
□□□ after 12 years.
　① disappointed　　　　② were disappointing
　③ were disappointed　　④ disappoint　　（法政大　経済）

10 She carefully (　　) the schedule for the tennis tournament this
□□□ weekend.
　① came over　　② got over　　③ slept over　　④ went over
　　　　　　　　　　　　　　　　　　　　　　（学習院大　文）

---

2 次の各文において、日本語があるものはそれを参考にしながら、それぞれ下の語句を並べかえて空所を補い、最も適当な文を完成させなさい。ただし、文頭にくるものも小文字で示してあります。1語不要の表記がある問題は、選択肢の中に不要な語が1つあります。

1 何かを果たすために、ほかの人に頼らなければならない時もあります。
□□□ There are times (　) (　) (　) (　) (　) (　) others
to get things done.
　① have　　② on　　③ rely　　④ to
　⑤ when　　⑥ you　　　　　　　（中央大　経済）

2 There is no (　) (　) (　) (　) (　) this system.
□□□ ① room　　② improvement　　③ further
　④ for　　⑤ in　　　　　　　　（青山学院大／改）

3 レベッカのアドバイスがなければ、キースは成功しなかっただろう。
□□□ (　) (　) (　) (　), (　) (　) (　) (　)
succeeded.
　① advice　　② but　　③ for　　④ have
　⑤ Keith　　⑥ not　　⑦ Rebecca's　　⑧ would　（東京理科大　理）

4 これ以上、そんな実りのない議論をしても無駄だ。(1語不要)

□□□ ( ) ( ) ( ) ( ) ( ) such a fruitless argument.

① continuing ② is ③ no ④ our

⑤ point ⑥ there （日本女子大 文・理）

5 私たちはスマートフォンをのぞき込んでばかりで、お互い目を合わすことも

□□□ しません。

We are too ( ) ( ) ( ) ( ) ( ) ( ) ( )

( ) with each other.

① busy ② contact ③ eye ④ into

⑤ make ⑥ peering ⑦ smartphones ⑧ to （関西学院大）

---

[3] 次の各文において、間違っている箇所を①〜④の中からそれぞれ1つずつ選び、正しい形に変えるか削除しなさい。

1 The outsourcing agency does not think that the company ① will

□□□ ② except all of the workers ③ without ④ conditions. （学習院大 経済）

2 Please let me ① know ② when you ③ will arrive your final destination

□□□ and have a place ④ to stay. （東京理科大 経営）

3 Taketo has been ① a member of his high school English Club

□□□ ② since only six months, but his English level ③ has significantly improved. He must have really ④ made a great effort.

（南山大 人文・経営）

4 The movie was ① so a big hit that it ② broke sales records ③ in the

□□□ ④ very first week. （静岡大）

5 The Ancient Chinese were ① famous for their many inventions.

□□□ Their inventions ② have influenced the entire world. Paper is possibly ③ one of their greatest inventions. Without paper, ancient people ④ can't have written records for the future. （畿央大）

DAY 12

月　　日（　）

1 次の各文の（　　）に入れるのに最も適当なものを、それぞれ下の①〜④のうち
から1つずつ選びなさい。

1 Poor (　　) he is, he is happy.
① as　　　② when　　　③ because　　　④ but　　　（関西学院大　経）

2 The (　　) of the new medical treatment are encouraging.
① concessions　　　　② flames
③ outcomes　　　　④ ravages　　　　（立命館大　法）

3 This drama is (　　) far the most interesting of all.
① by　　　② really　　　③ too　　　④ very　　　（立教大　経営）

4 I went back to my hometown recently for the first time (　　)
twenty years.
① before　　② for　　③ in　　④ of　　（中央大　法）

5 The car manufacturer spent (　　) amounts of money on
developing a new type of electric vehicle.
① enormous　　　　② endangered
③ enlightening　　　　④ evolved　　　　（法政大　経済）

6 He (　　) up for a yoga class which will start next week.
① sat　　　② signed　　　③ spoke　　　④ stood　　（学習院大　文）

7 I think Mary is (　　) upon as a future leader by her colleagues.
① got　　　② asked　　　③ said　　　④ looked
（青山学院大　経済）

8 The members of the Yosakoi club (　　) tomorrow at 3 p.m.
① are meeting　　　　② has met
③ is meeting　　　　④ meets　　　（東京理科大　先進工）

9 If you ( ) a millionaire, what would you buy?

① are to become ② had become

③ were to become ④ will become (日本女子大)

10 ( ) than upset her mother, the girl did her homework as soon as she got home.

① Better ② More ③ Other ④ Rather (明治大)

2 次の各文において、日本語があるものはそれを参考にしながら、それぞれ下の語句を並べかえて空所を補い、最も適当な文を完成させなさい。ただし、文頭にくるものも小文字で示してあります。

1 自分の将来をそんなに悲観的に見ない方がいいよ。

You had ( ) ( ) ( ) ( ) ( ) ( ) view of your future.

① pessimistic ② a ③ not ④ such

⑤ better ⑥ take (中央大 商)

2 あのような混雑した場所では、自分の声を人に聞いてもらうのが難しくなることがある。

It can ( ) ( ) ( ) ( ) ( ) ( ) in such a crowded place.

① yourself ② be ③ heard ④ to

⑤ difficult ⑥ make (青山学院大 理工)

3 チャールズって気難しい人じゃない？

( ) ( ) ( ) ( ) ( ) ( ) ( ) ( ) ( )?

① along ② Charles ③ do ④ find

⑤ get ⑥ hard ⑦ to ⑧ with

⑨ you (東京理科大 理)

4 その批評家は、まもなく皆が彼女の芸術作品を認めることになるだろうと言っている。

The critic says ( ) ( ) ( ) ( ) ( ) ( ) ( ) ( ) her artwork.

① be ② before ③ everyone ④ it

⑤ not ⑥ long ⑦ recognizes ⑧ will (関西学院大)

5 ( ) ( ) ( ) ( ), ( ) ( ) ( ) call us at any
☐☐☐ time.
① free ② should ③ require ④ anything else
⑤ you ⑥ to ⑦ feel （芝浦工大 エ）

---

3 次の各文において、間違っている箇所を①～④の中からそれぞれ1つずつ選び、
正しい形に変えるか削除しなさい。

D
A
Y

1
2
3
4
5
6
7
8
9
10
11
12
13
14
15
16
17
18
19
20

1 The ① increase traffic and rapid ② shifts in population in the past
☐☐☐ decade ③ have put a significant stress ④ on the city's environment.
（学習院大 経済）

2 My theater-fanatic friend was not ① impressed by the ② actors'
☐☐☐ performance last night. ③ So ④ was I. （東京理科大 経営）

3 Saori ① has lived abroad when she was a child. ② While there, she
☐☐☐ met Megan, who became one of her best friends. They ③ have
known each other ④ ever since. （南山大 人文・経営）

4 It is ① often said that we ② must eat more ③ vegetables to ④ stay
☐☐☐ health. （群馬大 理工）

5 Mrs. Jefferson, ① who was a rich old widow, reached ② the age of
☐☐☐ eighty. She went to live in an expensive and very comfortable hotel
near the sea ③ in the south of Italy, ④ which it was not too cold in
winter. （畿央大）

— 037 —

DAY 13

月　　　日（　）

1 次の各文の、（　　）には、入れるのに最も適当なものを、下線が引いてあるもの
は、最も意味が近いものを、それぞれ下の①〜④のうちから１つずつ選びなさい。

1 We stayed in a hotel room with (　　) that we would like to come
here again.
① such a nice view　　　② so a nice view
③ view so nice　　　　　④ a such nice view　　　　（青山学院大　文）

2 In his speech, the prime minister spoke about the crucial role of
education.
① changing　　　　　　② contemporary
③ important　　　　　　④ modern　　　　　　　　（立命館大　法）

3 Application forms must be given to the courier (　　) noon.
① on　　　② before　　　③ since　　　④ now
（青山学院大　理工）

4 We will serve a variety of local dishes. Please come to the table
and (　　) yourselves.
① help　　　② give　　　③ hand　　　④ keep　　（関西学院大）

5 I'm halfway (　　) my mathematics assignment, so I plan to hand
it in the day after tomorrow.
① across　　② on　　　③ over　　　④ through
（中央大　法）

6 The motorcycle I bought last year was (　　) ideal because it kept
wanting to roll to the left.
① so much as　　　　　② no wonder
③ by any means　　　　④ far from　　　　　　　（法政大　経済）

7 The situation is getting out of (　　).
① breath　　② control　　③ print　　　④ shape
（学習院大　文）

8 Even though I ( ) on that assignment since last month, it still □□□ isn't finished.
① have been worked ② have been working
③ will be working ④ will work （東京理科大 先進工）

9 Joe has two brothers, ( ) are professional baseball players.
□□□ ① all of who ② all of whom
③ both of who ④ both of whom （日本女子大）

10 The president's secretary will not be here today. In fact, she ( ) □□□ attends these types of meetings.
① frequently ② often ③ once ④ rarely （明治大）

2 次の各文において、日本語があるものはそれを参考にしながら、それぞれ下の語句を並べかえて空所を補い、最も適当な文を完成させなさい。ただし、文頭にくるものも小文字で示してあります。1語不要の表記がある問題は、選択肢の中に不要な語が1つあります。

1 私は歯がひどく痛むので、歯医者に虫歯を治療してもらうために予約をする □□□ 必要があります。
I have a terrible toothache, so I need to make an appointment
( ) ( ) ( ) ( ) ( ) ( ).
① to ② by ③ get ④ treated
⑤ my decayed tooth ⑥ the dentist （中央大 商）

2 いつ来たら良いかについて助言するために、あとで電話する。
□□□ I ( ) ( ) ( ) ( ) ( ) ( ) come.
① a call ② you ③ when to ④ later to
⑤ advise you ⑥ will give （青山学院大 理工）

3 ( ) ( ) ( ) ( ), the investor ( ) ( ) ( )
□□□ with many options.
① given ② left ③ not ④ of
⑤ the global economy ⑥ was ⑦ the uncertainty
（東京理科大 理工）

4 地下鉄の駅から出たとき、私は傘を持ってこなかったことを後悔した。

□□□ When I got out of the subway station, (　　) (　　) (　　) (　　)
(　　) (　　) (　　) (　　) me.

① having　　② I　　　　　③ not　　　④ an
⑤ umbrella　⑥ regretted　⑦ with　　⑧ brought

（関西学院大）

5 財布にほとんどお金が残っていないことがわかった。(1語不要)

□□□ I found (　　) (　　) (　　) (　　) (　　) (　　) in my wallet.

① any　　　② hardly　　③ left　　④ money
⑤ no　　　⑥ there　　　⑦ was

（日本女子大　文・理）

3 次の各文において、間違っている箇所を①～④の中からそれぞれ1つずつ選び、正しい形に変えるか削除しなさい。

1 I want to believe my boss, ① who seems like ② a honest person, but
□□□ experience ③ makes me ④ doubtful.

（学習院大　文・理）

2 ① Judging by the ② incoherence of Margret's speech, her mind
□□□ ③ must be very ④ confusing.

（青山学院大　社会情報）

3 Would you mind ① informing me your email address ② so that I can
□□□ send you the photos from the trip later, ③ when I have ④ free time?

（南山大　人文・経営）

4 I will ① send you ② an email as soon as I ③ am arriving ④ at home.
□□□

（群馬大　理工）

5 ① Spend all day sitting in front of a computer can have a serious
□□□ ② impact on your posture, which in turn can lead to other
problems. ③ In terms of your health, sitting down for hours
④ increases the risk of heart disease.

（畿央大）

問 題 編

DAY 14

月　　日（　）

1 次の各文の、（　　）には、入れるのに最も適当なものを、下線が引いてあるもの
　は、最も意味が近いものを、それぞれ下の①〜④のうちから1つずつ選びなさい。

1 After I repeatedly asked my father to allow me to study abroad, he
finally gave (　　) and let me do it.
① at　　　　② for　　　　③ in　　　　④ out　　　　（学習院大　法）

2 I used to try not to <u>rely on</u> others for support.
① check on　　② count on　　③ focus on　　④ spy on
（立命館大　法）

3 There will be little, (　　) any, soup left over.
① as　　　② though　　　③ if　　　④ even　　　（関西学院大　経済）

4 Smoking is <u>prohibited</u> in public space to avoid passive smoking.
① burnt　　② banned　　③ bonded　　④ bent　　（芝浦工業大）

5 If things carry on badly at my company for another year or so, I
may consider (　　) the job.
① to promote　② to quit　　③ promoting　④ quitting
（法政大　経済）

6 My father patted me (　　) to encourage me.
① by the shoulder　　　　② on the shoulder
③ to the shoulder　　　　④ in the shoulder　　（青山学院大　経済）

7 There are a lot of factors which could <u>account for</u> the decrease in
sales at our shop.
① approve　② explain　　③ produce　④ study
（中央大　総合政策）

8 It is (　　) clear that the government will sign the agreement.
① at all　　　　　　② by no means
③ no way　　　　　④ unless　　（日本女子大　文・理）

D
A
Y

1
2
3
4
5
6
7
8
9
10
11
12
13
14
15
16
17
18
19
20

9 You do not have to thank me. I am simply glad that I could be
□□□ ( ) help.
① but ② for ③ in ④ of （明治大）

10 According to Dr. Ishiguro, robots will be ( ) of understanding
□□□ our complex emotions in a few decades.
① able ② capable ③ enable ④ possible
（学習院大　文・理）

2 次の各文において、日本語があるものはそれを参考にしながら、それぞれ下の語句を並べかえて空所を補い、最も適当な文を完成させなさい。ただし、文頭にくるものも小文字で示してあります。

1 その添付ファイルを開けるには、ここをクリックしさえすればいいのです。
□□□ To open the attached file, ( ) ( ) ( ) ( ) ( )
( ) click here.
① have ② do ③ all ④ to
⑤ is ⑥ you （中央大　商）

2 The city's problems were caused ( ) ( ) ( ) ( )
□□□ ( ) management as by neglect.
① not ② poor ③ much ④ so
⑤ by （青山学院大　文）

3 ( ) ( ) ( ) ( ) ( ) this ( ) toward non-
□□□ smoking environments?
① accounts for ② do ③ movement
④ think ⑤ what ⑥ you （東京理科大　理工）

4 誤った情報を広げないために、私たちはその発言が正しいかどうか確認する
□□□ 必要がある。
We need to check whether the statements ( ) ( ) ( )
( ) ( ) ( ) ( ) information.
① true ② order ③ or not ④ false
⑤ are ⑥ not to ⑦ in ⑧ spread （関西学院大）

5 正しいと自分が信じていたものが実は間違っていたことが分かった。

It ( ) ( ) ( ) ( ) ( ) ( ) ( ) was in fact wrong.

① I believed　② turned　③ was　④ that
⑤ out　⑥ right　⑦ what　（昭和大　歯・薬・看護医療）

---

3 次の各文において、間違っている箇所を①〜④の中からそれぞれ1つずつ選び、正しい形に変えるか削除しなさい。

1 ① Combined digital technology ② with ③ painstaking historical research, specialists have been able to turn photos originally ④ shot in black and white into rich color images.　（学習院大　経済）

2 ① With two weeks left before her final examinations, ② a friend of mine ③ wish ④ to spend more time studying.　（青山学院大　社会情報）

3 Jason ① is belonging to the basketball club. He practices once ② every two or three days at school and also ③ does weight training at home to get stronger. Next week he ④ will participate in his first game.　（南山大　総合政策）

4 Because Kumi ① is at a loss about ② what to do, I suggest that she ③ stops by Professor Smith's office to ④ ask for help.　（群馬大　理工）

5 Sam left the small village where he was born ① at the age of fourteen. ② During the current depression, almost everyone who lives there ③ have moved to other cities ④ in search of work with higher wages and a higher standard of living.　（畿央大）

D
A
Y

1
2
3
4
5
6
7
8
9
10
11
12
13
14
15
16
17
18
19
20

DAY 15

1 次の各文の、（　　　）には、入れるのに最も適当なものを、下線が引いてあるもの
は、最も意味が近いものを、それぞれ下の①〜④のうちから1つずつ選びなさい。

1　You can use my PC (　　　) you promise not to change any of my
□□□　documents.
　　　① as long as　② only　　　　③ in case　　　④ unless　　（南山大　法）

2　Taylor had an outstanding match in the final.
□□□　① a competitive　　　　　② a favorable
　　　③ an impressive　　　　　④ an unlucky　　　　　　　（立命館大　法）

3　The yelling was very loud and (　　　) from far away.
□□□　① can be heard　　　　　② can hear
　　　③ could be heard　　　　④ could have heard　　　（立教大　経営）

4　He is very positive in the way that he makes the (　　　) of his
□□□　failures.
　　　① biggest　　② most　　　③ highest　　④ largest　（関西学院大）

5　Because I spent more time with my grandmother than my parents
□□□　when I was small, she made me (　　　) I am today.
　　　① that　　　② which　　　③ why　　　　④ what　　（中央大　商）

6　A："You look pale. Are you all right?"
□□□　B："Well, I decided to slim down. I ate (　　　) cabbage soup for
　　　two weeks."
　　　① if anything　　　　　　② scarcely
　　　③ nothing but　　　　　　④ as if　　　　　　　　　（法政大　経済）

7　When I heard him saying bad things about me, I was (　　　) myself
□□□　with rage.
　　　① for　　　② by　　　③ beside　　　④ about
　　　　　　　　　　　　　　　　　　　　　　　　　　（青山学院大　経済）

8 They offered the (　　) best accommodations during our stay abroad.
① lot　　　　② more　　　　③ much　　　　④ very

（東京理科大　先進工）

9 I cannot <u>tolerate</u> your speaking ill of my brother like that.
① answer　　② correct　　③ demand　　④ stand

（中央大　総合政策）

10 I know that this restaurant is expensive, but don't worry. The dinner is (　　) me.
① on　　　　② at　　　　③ since　　　　④ become　　（明治大）

2 次の各文において、日本語があるものはそれを参考にしながら、それぞれ下の語句を並べかえて空所を補い、最も適当な文を完成させなさい。ただし、文頭にくるものも小文字で示してあります。1語不要の表記がある問題は、選択肢の中に不要な語が1つあります。

1 ジェイン・オースティンの小説を読めば、必ず登場人物の心理描写がいかに素晴らしいかに感心するでしょう。
One cannot read Jane Austen's novels (　　) (　　) (　　) (　　) (　　) (　　) her psychological descriptions of the characters in them are.
① how　　　　② being　　　　③ fine　　　　④ with
⑤ without　　⑥ deeply impressed

（中央大　商）

2 He held (　　) (　　) (　　) (　　) (　　) he held hands with the actress.
① the　　　　② breath　　　　③ his　　　　④ time
⑤ first

（青山学院大　文）

3 (　　) (　　) (　　) (　　) (　　) the university (　　) (　　) of their study rooms.
① an improvement　　② been　　　　③ for
④ has　　　　　　　⑤ negotiating　　⑥ the students' union
⑦ with

（東京理科大　理工）

4 その家族は所持品がほとんどなく、旅を続けるためのお金もほとんど持っていなかった。

The family possessed ( ) ( ) ( ) ( ) ( ) ( )
( ) ( ) traveling.

① and ② belongings ③ to ④ little
⑤ had ⑥ continue ⑦ few ⑧ money

（関西学院大　社会・法）

5 他の条件が全て同じとすると、午前中の会議の方が私には都合が良い。(1語不要)

All ( ) ( ) ( ) ( ), ( ) morning meeting suits me better.

① things ② same ③ being ④ other
⑤ equal ⑥ a

（成蹊大　文）

3 次の各文において、間違っている箇所を①〜④の中からそれぞれ1つずつ選び、正しい形に変えるか削除しなさい。

1 Until ① the nineteenth century, most people in ② today's rich Western countries typically ③ have worked 70 to 80 hours ④ a week.

（学習院大　文・理）

2 The Chinese government is putting a limit on ① how much pay its movie stars get. The government says that actors ② getting very high salaries ③ is bad for society and that a lot of actors try to ④ avoid to pay tax.

（南山大　総合政策）

3 I ① have two children. ② One is an engineer, and ③ another ④ is a university student.

（群馬大　理工）

4 It seems that school teachers ① are dissatisfied with educational reforms being made by the city. Technology and systems change ② very rapidly that it is ③ almost impossible for them ④ to keep up with the changes while doing their daily work.

（畿央大）

5 Pamela ① earns ② twice as ③ more money ④ as I do.

（青山学院大　社会情報）

DAY 16

月　　日（　）

1 次の各文の、（　　）には、入れるのに最も適当なものを、下線が引いてあるもの
は、最も意味が近いものを、それぞれ下の①～④のうちから1つずつ選びなさい。

1 If you have any questions, please feel free to (　　) the office.
① contact　② contact for　③ contact in　④ contact to

（立命館大　法）

2 He insisted that he had nothing to (　　) with the affair.
① do　② know　③ look　④ say　（立教大　文）

3 Most of the items on this shelf are items (　　) I cannot do
without.
① how　② what　③ that　④ those　（関西学院大）

4 (　　) in front of a lot of people, that boy was at a loss and could
not say anything.
① Embarrassing　② Embarrassed
③ To embarrass　④ To be embarrassed　（中央大　商）

5 Dan stayed up all night to get his work done. So (　　) I.
① were　② was　③ had　④ did　（関西学院大）

6 It's been said that people experienced various positive and
negative incidents during (　　).
① the nineties　② ninties　③ ninety's　④ the ninty's

（東京薬科大　生命科）

7 It looked to me at first (　　) it were a fox, but it actually was a
wolf.
① as though　② even though
③ not yet　④ only because　（東京理科大　先進工）

8 My computer broke down so I couldn't (　　) the deadline.
① end　② meet　③ put　④ take　（明治大）

9 The teacher mentioned that the girl was a child who (　　) ever
□□□ spoke to others.
① harshly　　② slightly　　③ often　　④ hardly

（名城大　経営）

10 The radio reported heavy weather approaching, so the weekly
□□□ game <u>was called off</u>.
① was ceased　　　　　② was caused
③ was canceled　　　　④ was concealed

（青山学院大　コミュニティ人間科）

2 次の各文において、日本語があるものはそれを参考にしながら、それぞれ下の語
　句を並べかえて空所を補い、最も適当な文を完成させなさい。1語不要の表記が
　ある問題は、選択肢の中に不要な語が1つあります。

1 彼にそんなところで出会うとは思わなかった。
□□□ He was the (　　) (　　) (　　) (　　) (　　) (　　) to see in
such a place.
① I　　　　　② have　　　　③ expected　　④ person
⑤ last　　　⑥ would

（中央大　商）

2 No (　　) (　　) (　　) (　　) (　　) to him than he put it into
□□□ action.
① the　　　　② had　　　　③ sooner　　④ occurred
⑤ idea

（青山学院大　文）

3 The language I'm learning is very complicated. If it weren't, I
□□□ (　　) (　　) (　　) (　　) (　　) (　　) (　　) (　　) the first
course.
① basic　　　② be able to　③ grammar　④ finishing
⑤ the　　　　⑥ understand　⑦ upon　　　⑧ would

（東京理科大　薬）

4 私はバスと電車のどちらで行っても構いません。（1語不要）

☐☐☐ It makes ( ) ( ) ( ) ( ) ( ) we go there by bus or by train.
① difference　② me　　　③ no　　　④ that
⑤ to　　　　　⑥ whether

（日本女子大　文・理）

5 口に食べ物を入れたまま話すのは行儀がわるい。

☐☐☐ It is not good manners ( ) ( ) ( ) ( ) ( ) ( ) ( ) ( ).
① full　　　② to　　　③ talk　　　④ of
⑤ mouth　　⑥ with　　⑦ food　　　⑧ your

（関西学院大　社会・法）

3 次の各文において、間違っている箇所を①～④の中からそれぞれ１つずつ選び、正しい形に変えるか削除しなさい。

1 A woman who refused ① to read the safety ② instructions card
☐☐☐ handed to her by flight attendants ③ have reportedly ④ been removed from an aircraft.

（学習院大　経済）

2 All the patients' ① records in this hospital ② are classified as
☐☐☐ confidential ③ because of their ④ sensible nature.

（青山学院大　社会情報）

3 I am ① very much looking forward to ② have you ③ visit my new
☐☐☐ office ④ this coming spring.

（群馬大　理工）

4 Each business class passenger ① may take ② two baggages on the
☐☐☐ airplane. If you want to travel with more bags, you must ③ pay an extra fee. Please ask the airport staff ④ for details.

（畿央大）

5 As a primary school teacher ① with responsibility ② for sports
☐☐☐ lessons, Mary is anxious to ③ providing all her pupils the ④ best possible advice.

（立教大　文）

D
A
Y

1
2
3
4
5
6
7
8
9
10
11
12
13
14
15
16
17
18
19
20

1 次の各文の（　　　）に入れるのに最も適当なものを、それぞれ下の①～④のうち
から１つずつ選びなさい。

1 （　　　） a little more care, I could have avoided the mistake.
① Because of　② In spite of　③ Thanks to　④ With　（立命館大　法）

2 Whatever happens, I am committed to (　　　) out my duty.
① bringing　　② carrying　　③ showing　　④ taking　（立教大　文）

3 （　　　） on the wrong side of the road, my grandfather caused a
major accident.
① To drive　　② Driving　　③ Driven　　④ Have been driving
（法政大　経済）

4 I can show you the process (　　　) I have reached this conclusion.
① in　　　　② on　　　　③ what　　　④ by which
（中央大　国際情報）

5 More than five years have passed since the car accident. The
victim no (　　　) suffers from nightmares about death.
① longer　　② intention to　③ interest in　④ matter
（法政大　経済）

6 Jane is reliable. She is the (　　　) person who would abuse his
trust.
① only　　　② first　　　③ right　　　④ last
（青山学院大　経済）

7 People who (　　　) in that apartment often take their children to
the park across the street.
① reside　　② residence　　③ residential　④ residents
（東京理科大　先進工）

8 It is essential that this company (　　　) more diverse working styles for its employees.

① offer ② offering ③ would offer ④ to offer

（日本女子大　文・理）

9 The passengers were (　　　) stay at the airport for hours because of the bad weather.

① let to ② let ③ made to ④ made

（明治大）

10 (　　　) the chance to go skydiving arise, I will certainly take it.

① Shall ② Should ③ Would ④ Were

（東海大　文化社会）

2　次の各文において、日本語を参考にしながら、それぞれ下の語句を並べかえて空所を補い、最も適当な文を完成させなさい。1 語不要の表記がある問題は、選択肢の中に不要な語が 1 つあります。

1 UAE がペルシャ湾に面した国だというのは知っているけど、UAE が何の略なのかは知らない。

I know the UAE is a country on the Persian Gulf, but I have (　　　) (　　　) (　　　) (　　　) (　　　) (　　　).

① UAE ② for ③ idea ④ what
⑤ no ⑥ stands

（中央大　商）

2 驚いたことに、ガソリンの値段は去年の二倍ほどになりました。

Surprisingly, (　　　) (　　　) (　　　) (　　　) (　　　) (　　　) as last year's.

① about twice ② of
③ as high ④ is
⑤ the price ⑥ gasoline

（青山学院大　理工／改）

3 両選手とも今シーズンは限られた機会を最大限に利用した。

Both (　　　) (　　　) (　　　) (　　　) (　　　) (　　　) (　　　) throughout this season.

① limited ② made ③ of ④ opportunities
⑤ players ⑥ the most ⑦ their

（東京理科大　工）

4 どうしたらこの問題を解決できるか良い考えはありますか。（1語不要）

□□□ Do you have any good ideas (　　　) (　　　) (　　　) (　　　) (　　　) solve the problem?

① as　　　　② can　　　　③ how　　　　④ of

⑤ to　　　　⑥ we

（日本女子大　文・理）

5 私が当たり前だと思っていた全てのことは幻想だったのかもしれない。

□□□ All the (　　) (　　) (　　) (　　) (　　) (　　) (　　) (　　) an illusion.

① taken　　② have　　　③ I had　　　④ things

⑤ may　　　⑥ for　　　　⑦ been　　　⑧ granted

（関西学院大）

---

3 次の各文において、間違っている箇所を①〜④の中からそれぞれ1つずつ選び、正しい形に変えるか削除しなさい。

1 ① Despite recent rapid advances in artificial intelligence, the

□□□ ② most powerful machine translators cannot ③ correct interpret your intended meaning or make decisions about which words ④ best convey that meaning.

（学習院大　法）

2 ABC Co. ① raised ② theirs fund ③ for the merger ④ by borrowing

□□□ money from various banks.

（青山学院大　社会情報）

3 When moving to a new country, you ① will likely face difficulties

□□□ learning the language and the local customs. ② Although it may take a while ③ to accustom to the new culture, the experience will be ④ worth it in the end.

（南山大　総合政策）

4 Although Professor Jones explained the homework twice, I

□□□ ① couldn't make ② of ③ what he ④ meant.

（群馬大　理工）

5 Katy had an accident ① on her way home last month. Her injury

□□□ was worse ② than she thought it would be and it prevented her from going out or ③ do anything she loved to do. Her friends often visited her after school, which was a great comfort ④ to her.

（畿央大）

1 次の各文の（　　　）に入れるのに最も適当なものを、それぞれ下の①～④のうち
から１つずつ選びなさい。

1 How dare (　　) that to me?
- ① can you say
- ② do you say
- ③ will you say
- ④ you say

（立命館大　法）

2 They became desperate because the emergency door (　　) open.
- ① don't
- ② needn't
- ③ shouldn't
- ④ wouldn't

（立教大　文）

3 I did not buy any of the three pairs of shoes because I found (　　) satisfactory.
- ① both of them
- ② either of them
- ③ neither of them
- ④ none of them

（中央大　国際情報）

4 A study shows that a good night's sleep (　　) people happier, but that those who sleep over ten hours get angry easily.
- ① takes
- ② increases
- ③ makes
- ④ proposes

（法政大　経済）

5 Although the company was in a critical situation, the president (　　) to understand what should be done.
- ① failed
- ② gave up
- ③ regretted
- ④ stopped

（青山学院大　経済）

6 I happened to step on my mother's sunglasses and broke them. But I did not do it (　　).
- ① defensively
- ② definitely
- ③ deliberately
- ④ desperately

（東京理科大　先進工）

7 Take ( ) seat you like in the very front row.
□□□ ① anyway ② whichever ③ anyhow ④ wherever

（関西学院大）

8 She is not offended in ( ).
□□□ ① the least ② last ③ all ④ the last （青山学院大　文）

9 She doesn't care ( ) coffee without milk. She never has her
□□□ coffee black.
① for ② of ③ on ④ with （明治大）

10 I think that it's the best hotel in Tokyo. Their service leaves nothing
□□□ to be ( ).
① desired ② aspired ③ admired ④ inclined

（青山学院大　教育人間科）

---

2 次の各文において、日本語を参考にしながら、それぞれ下の語句を並べかえて空所を補い、最も適当な文を完成させなさい。1語不要の表記がある問題は、選択肢の中に不要な語が1つあります。

1 その主張が本当だったことは議論の余地がない。
□□□ There is ( ) ( ) ( ) ( ) ( ) ( ) to be true.
① turned ② dispute ③ no ④ the claim
⑤ that ⑥ out （中央大　経済）

2 一流の会社に就職できるなんて、夢にも思わなかった。
□□□ Little ( ) ( ) ( ) ( ) ( ) ( ) company.
① I would ② dreamed that
③ I ④ get a job
⑤ with a leading ⑥ had （青山学院大　理工）

3 どんな場合にも、わたしは大学にとって必要だと思ったことをやろうとしてきた。
□□□ In every case, I tried to ( ) ( ) ( ) ( ) ( ) ( )
( ) the university.
① believed ② do ③ for ④ I
⑤ needed ⑥ what ⑦ was （東京理科大　工）

4 もし将来外国に行くことがあれば、ネパールに行ってみたい。（1語不要）

☐☐☐ If ( ) ( ) ( ) ( ) ( ) in the future, I would want to
go to Nepal.
① abroad ② go ③ I ④ to
⑤ were ⑥ would （日本女子大　文・理）

5 先日、私たちは電車の遅延のために、30分待たされた。

☐☐☐ We were ( ) ( ) ( ) ( ) ( ) ( ) ( )
to the train delay the other day.
① wait ② half ③ due ④ for
⑤ to ⑥ an ⑦ made ⑧ hour （関西学院大）

---

3 次の各文において、間違っている箇所を①～④の中からそれぞれ1つずつ選び、
正しい形に変えるか削除しなさい。

1 The company president ① told all her staff to ② ignore the
☐☐☐ document ③ send out yesterday because she has now ④ changed
her plan. （学習院大　文・理）

2 Drivers ① of the Model DV 11 ② commonly call ③ us the ④ very best
☐☐☐ vehicle in Europe today. （青山学院大　社会情報）

3 The girl Tom ① is talking at the table ② must be his younger sister,
☐☐☐ Jane. She has changed so much that ③ it is no wonder I ④ couldn't
recognize her at first. （南山大　人文）

4 Ben Graham and his medical team often visited the conflict zone
☐☐☐ in western Africa ① to provide healthcare in 2020. "Children there
now need the same support ② when the association ③ gave
children in other countries in the 2000s," ④ says Ben. （畿央大）

5 ① Given Japanese consumer habits ② in general, marketing
☐☐☐ ③ quality articles in Japan is sometimes ④ very easier than selling
low-priced goods. （立教大　文）

1 次の各文の、（　　　）には、入れるのに最も適当なものを、下線が引いてあるもの
は、最も意味が近いものを、それぞれ下の①〜④のうちから1つずつ選びなさい。

1 I am tired because I have been reading (　　) a thousand pages a
week.
① all the more　　　　　② as many as
③ many more　　　　　④ more and more　　　　（立命館大　法）

2 Do not use a recycle bin to dispose (　　) paper records
containing personal information.
① in　　　② for　　　③ to　　　④ of　　　（青山学院大　教育人間科）

3 When I want to do something, I usually go ahead and do it, as
nothing (　　) by just waiting.
① will gain　　　　　② has gained
③ is gained　　　　　④ gains　　　　（中央大　国際情報）

4 Ryo, you shouldn't leave the engine (　　). It's a waste of
gasoline.
① running　　② to run　　③ starting　　④ to start
（法政大　情報科）

5 At the meeting, I proposed that more female workers (　　).
① would be hired　　　　② be hired
③ were hired　　　　　④ hired　　　　（青山学院大　経済）

6 The new system was made by (　　) three currently functioning
systems.
① integrate　　② integrated　　③ integrating　　④ integration
（東京理科大　先進工）

7 (　　) student in this class is required to submit his or her paper
by Monday next week.
① Whole　　② Often　　③ All　　④ Every　　（関西学院大）

8 We <u>set about</u> our new project very carefully.
① abandoned　② continued　③ fixed　④ started

（中央大　総合政策）

9 Please speak up, as I can (　　) hear you.
① hard　② hardly　③ little　④ only　（学習院大　法）

10 (　　) created this program is a genius.
① Anyone　② Everyone　③ Who　④ Whoever

（日本女子大）

---

2 次の各文において、日本語があるものはそれを参考にしながら、それぞれ下の語句を並べかえて空所を補い、最も適当な文を完成させなさい。1語不要の表記がある問題は、選択肢の中に不要な語が１つあります。

1 皆にとって、今日は何と思い出深い日になったことでしょう。
What a (　　) (　　) (　　) (　　) (　　) (　　) us!
① of　② memorable day　③ for
④ this　⑤ has become　⑥ all　（青山学院大　理工）

2 It was the one and only (　　) (　　) (　　) ever (　　) him in (　　) (　　) disappointment.
① time　② that　③ tears　④ I've
⑤ of　⑥ seen　（獨協大　外国語）

3 あらゆる人のことを念頭に置いて設計・製造されている製品のほうが明らかに良いのである。
Products that are designed and (　　) (　　) (　　) (　　) (　　) (　　) (　　) definitely better products.
① are　② every　③ in　④ individual
⑤ manufactured　⑥ mind　⑦ with　（東京理科大　工）

4 私の人生で今日ほど幸せな日はありません。（1語不要）
At no time in my life (　　) (　　) (　　) (　　) (　　) I am today.
① been　② happier　③ have　④ I
⑤ never　⑥ than　（日本女子大　文・理）

5 最近の調査によると、仕事に対する満足度に関して言えば、ほとんどの人が
□□□ 給与は必ずしも最も重要ではないと答えている。

Recent surveys (   ) (   ) (   ) (   ) (   ) (   ) (   )
(   ), most people say their salary doesn't necessarily take top
priority.

① it   ② satisfaction ③ job   ④ comes
⑤ to   ⑥ when   ⑦ show   ⑧ that

（関西学院大）

---

3 次の各文において、間違っている箇所を①～④の中からそれぞれ1つずつ選び、
正しい形に変えるか削除しなさい。

1 When ① discussing a problem, it's important ② not to confuse what
□□□ is ③ interesting to you with ④ which is important for the discussion.

（学習院大　文・理）

2 The annual meeting is ① deliberated held ② on the weekends ③ so
□□□ that even busy businessmen ④ can attend.   （青山学院大　社会情報）

3 ① A classmate of me ② had a traffic accident yesterday ③ and now
□□□ is in the hospital. ④ I am going to see him after school.

（名城大　経営）

4 This is a photograph of my parents taken sometime ① in the fall of
□□□ 1989, just after they ② got married. They are sitting at a table in a
cafe, ③ with my father wore a leather jacket. In the photo, my
mother, ④ who was 25 at the time, looks very cute.   （畿央大）

5 Water is a valuable resource, ① especial for ② generating
□□□ electricity, and many dams and power stations have ③ been built
since ④ the mid-20th century.   （学習院大　経済）

DAY 20

月　　日（　）

1 次の各文の（　　　）に入れるのに最も適当なものを、それぞれ下の①〜④のうち
から１つずつ選びなさい。

1 The task (　　) they are responsible is still left undone.
① at which　　② for which　　③ of which　　④ which　　（立命館大　法）

2 It was (　　) of you to send flowers to your mother on her birthday.
① considerable　　　　　　② considerate
③ considered　　　　　　④ considering　　（立教大　理）

3 (　　) achieve good pronunciation in a second language through proper instruction and hard work.
① It being possible that anybody
② It is possible for anybody to
③ Anybody is possible to
④ Anybody that are possible to　　（中央大　国際情報）

4 I'm sorry, but Karen's not in the office at the moment. Can I (　　) a message for you?
① offer　　② get　　③ take　　④ put　　（法政大　情報科）

5 Bill (　　) his ability to play the piano to lots of practice.
① benefited　　② owed　　③ thanked　　④ was indebted　　（青山学院大　経済）

6 She was told not to run fast, (　　) her knee problem.
① by way of　　　　　　② for want of
③ on account of　　　　　　④ in spite of　　（東京理科大　薬）

7 I'm grateful (　　) your help the other day.
① to you about　　　　　　② for you to
③ to you without　　　　　　④ to you for　　（関西学院大）

8 Our increased investments in R&D are really starting to pay (   ).
① forward   ② off   ③ in   ④ up   （明治大　経営）

9 These days I cannot afford to go out to a café, (   ) an expensive restaurant.
① even so   ② let alone
③ much more   ④ not only   （学習院大　法）

10 It can sometimes be helpful to just listen to the teacher with your book (   ).
① closed   ② closes   ③ closing   ④ to close
（日本女子大）

---

2 次の各文において、日本語があるものはそれを参考にしながら、それぞれ下の語句を並べかえて空所を補い、最も適当な文を完成させなさい。1語不要の表記がある問題は、選択肢の中に不要な語が1つあります。

1 エジプトは大変雨が少ないので、もしナイル川がなかったら全土が砂漠になっているでしょう。
There is so little rain in Egypt that the whole land would be desert, (   ) (   ) (   ) (   ) (   ) (   ).
① were   ② for   ③ not   ④ the Nile
⑤ it   ⑥ if   （中央大　商）

2 My father often said jogging is (   ) (   ) (   ) (   ) (   ) (   ) the mind, but I never saw him do either.
① body   ② is   ③ reading   ④ to
⑤ to the   ⑥ what   （青山学院大　コミュニティ人間科）

3 わたしはふと、自分たちの強みだと考えていたものが弱みにもなり得ることに気づいた。
Suddenly (   ) (   ) (   ) (   ) (   ) (   ) (   ) a potential weakness.
① I   ② our   ③ realized   ④ strength
⑤ supposed   ⑥ that   ⑦ was   （東京理科大　工）

4 どんなに小さくても自分の会社を持ちたい。（1語不要）

□□□ I would rather have a company of my own, (　　) (　　) (　　)
(　　) (　　).

① be　　　　② however　　③ it　　　　④ may
⑤ small　　　⑥ whatever　　　　　　　　　　（日本女子大　文・理）

5 たび重なる金融スキャンダルのために、大統領は多くの票を失ったと新聞は
□□□ 報じた。

The newspapers said (　　) (　　) (　　) (　　) (　　) (　　)
(　　) (　　).

① that　　　　　　② votes
③ successive　　　④ many
⑤ scandals　　　　⑥ the president
⑦ cost　　　　　　⑧ financial　　　　　　　（関西学院大）

D
A
Y

1
2
3
4
5
6
7
8
9
10
11
12
13
14
15
16
17
18
19
20

---

3 次の各文において、間違っている箇所を①〜④の中からそれぞれ1つずつ選び、
正しい形に変えるか削除しなさい。

1 Last Sunday, Jason ① went to the movie theater to see the latest
□□□ *Star Wars* movie, ② only to find that the movie was ③ any longer
④ playing there.　　　　　　　　　　　　　　（学習院大　文・理）

2 Have you seen that many of the old ① industrious buildings ② near
□□□ the airport ③ have been replaced with ④ skyscrapers?
　　　　　　　　　　　　　　　　　　　　　（青山学院大　社会情報）

3 ① If it had not been for the passing ② of the strict law at ③ drunk
□□□ driving, this crime ④ may have gone unpunished.　　（名城大　経営）

4 We stayed one night at the hotel ① at the start of our tour in Japan.
□□□ The location was perfect and it ② took to us only a few minutes to
find the hotel ③ after leaving the airport. The room was very clean,
fairly small, but ④ adequate for a one-night stay.　　（畿央大）

5 ① Being elect with a majority vote in the last election, the mayor
□□□ ② has made ③ quite a few radical reforms ④ in health care.
　　　　　　　　　　　　　　　　　　　　　（東京理科大　経営）

大学入試

レベル別

英文法問題
Solution
Last Spurt

ソリューション ラストスパート

スタディサプリ
英語講師
肘井 学
Gaku Hijii

2
ハイレベル

かんき出版

　本書は、**英文法の分野別学習を終えた人向けの演習用**の問題集です。**20日間で完成できる構成**になっています。英文法の学習は通常、時制、助動詞、仮定法と分野ごとに学習を進めていきますが、本番の試験では、すべての文法・語法分野、そして熟語、語彙問題などからランダムに出題されます。

　そこで、本書ではすべての文法・語法分野、熟語、語彙問題などからランダムに問題を掲載しています。単なる過去問集と異なるのは、**捨て問、悪問を排除した点**です。およそどの大学でも、満点防止策として、そのレベルの受験生では解けないような問題が数問含まれていますが、そのような問題は、入試本番で解けなくても問題ないのです。**本書では、確実に正解すべき問題だけを集めました。**

　本書のもうひとつの特長は、**効率を徹底重視**した点です。本書に掲載されている200問の4択問題、100問の整序英作文、100問の正誤問題は重複を極力避けています。それぞれ200、100、100パターンの問題を解くことで、知識と理解を最大限広げられるように設計してあります。

　一方、**4択問題、整序英作文、正誤問題といった出題形式が異なる中での文法項目の重複は、むしろ積極的に扱っています。**なぜなら、出題形式が異なる中での文法項目の重複は、知識の定着と応用力を養い、**一層の学習効果が期待できるからです。**

　さらに、**20日間完成**とすることで、**夏休み、2学期、冬休みや入試直前のひと月前でも完成できる**ように設計しています。

　本書で英文法・語法・熟語・語彙問題の対策を万全にして、入試本番では高得点を勝ち取り、志望校合格を実現させてください。

肘井　学

本シリーズの特長

特長その 1　20日間での短期完成！

　本書は、英文法の総まとめ演習という性質から、**夏休み、2学期、冬休みや入試直前の1ヵ月といった短い期間で終えられる構成**になっています。

特長その 2　捨て問・悪問を排除、良問を厳選！

　実際の入試には、およそどんな大学でも、そのレベルの受験生が正解しなくてよい捨て問・悪問が含まれています。本書の目的は、英文法マニアを目指すのではなく、あくまで**最短での志望校合格**を目指しているので、**捨て問・悪問を排除して、入試本番で正解すべき良問を厳選**しています。

特長その 3　重複を避けて効率を徹底追及！

　本書は、大学入試直前の貴重な1ヵ月間に使用されることも想定しています。だからこそ、無駄を省いて**効率を徹底的に追及**しています。4択問題の200問、整序英作文の100問、正誤問題の100問で同じ知識を問う問題を極力省いて、異なるパターンを網羅しています。例えば、スタンダードレベルでは、**仮定法過去の問題、仮定法過去完了の問題、仮定法のif節と主節で時制がずれるミックスのパターンと、各1題ずつ**扱っています。

特長その 4　4択問題・整序英作文・正誤問題の構成！

　1日単位では、入試で出題頻度が高い4択問題10題・整序英作文5題・正誤問題5題を扱います。20セット分あるので、4択問題は200問、整序英作文は100問、正誤問題は100問演習することで、絶対の自信を持って本番に臨めるようになります。そして、同一形式での知識の重複は避けましたが、異なる出題形式での知識の重複は、あえて多く扱いました。例えば、仮定法の知識を4択問題、整序英作文、正誤問題と異なる出題形式で問うことで、知識の定着、応用と、真の理解を得ることができるからです。

特長その **5** 74の総まとめ**POINT**！

文法問題を解くことで、知識を整理して広げていけるように、74の 総まとめ POINT を掲載しました。文法・語法・熟語・語彙の知識の総整理に役立ちます。総まとめPOINTの項目の一覧はp.006〜p.007にあるので、活用してください。

特長その **6** 各問題に学習分野のアイコンを掲載！

各設問の右側に、**文法・語法・熟語・語彙のどの分野からの出題かわかるアイコン**を付けました。これにより、自分の苦手分野を知ることができます。特定の分野の不正解が多い場合は、分野ごとの問題集に戻って、再度その分野の理解を深めることをおすすめします。拙著の**レベル別英文法問題ソリューション1〜3**だけでなく、他の分野別文法問題集にも対応できるように、汎用性のある分類でアイコンを付けています。お手持ちの分野別文法問題集で、自分の弱点を強化してください。

本 シ リ ー ズ の 使 い 方

① ▶ **問題を解く**

　　1日分の問題は、4択問題10題、整序英作文5題、正誤問題5題の構成です。15分を目安に、問題を解いてください。

② ▶ **解答・解説を見て答え合わせをする**

　　解答を見て丸付けをしてください。その際に、間違えた問題、たまたま正解したが、実はよく理解していない問題はチェックボックスにチェックを入れます。さらに、 総まとめ **POINT** を含めて、解説を読み進めてください。

③ ▶ **2周目、3周目はチェックの入った問題だけを解く**

　　1周目で完璧に解けた問題は、時間の節約のために2周目、3周目は解答不要です。たまたま正解した問題、間違えた問題に限定して2周目を進めてください。2周目で間違えた問題にもチェックを入れて、3周目は2周目で間違えた問題に集中することで、さらに時間の節約になります。間違えた問題がゼロになるまで、解いていきます。

本 シ リ ー ズ の レ ベ ル 設 定

　本シリーズは、現状の学力に見合った学習を促すために、下記の表のように、細かいレベル分けをしています。

スタンダードレベル	ハイレベル	トップレベル
日本大、東洋大、駒澤大、専修大や、京都産業大、近畿大、甲南大、龍谷大などを代表とした私立大学を目指す人、地方国公立大を目指す人。	学習院大、明治大、青山学院大、立教大、中央大、法政大や、関西大、関西学院大、同志社大、立命館大などの難関私大を目指す人。上位国公立大を目指す人。	早稲田大、慶応大、上智大、東京理科大などの最難関私大を目指す人。北大、東北大、東京大、名古屋大、京都大、大阪大、九州大などの最難関国公立大を目指す人。

　　　　　　　　　難易度のレベルには変動があり、あくまでも目安です。

1日分の演習を終えるごとに、日付、得点を記入し、終了の印としてチェックボックスにチェックを入れていきましょう。

	日 付	得 点	1周	2周	3周
DAY 1	月 日( )	/20	☐	☐	☐
DAY 2	月 日( )	/20	☐	☐	☐
DAY 3	月 日( )	/20	☐	☐	☐
DAY 4	月 日( )	/20	☐	☐	☐
DAY 5	月 日( )	/20	☐	☐	☐
DAY 6	月 日( )	/20	☐	☐	☐
DAY 7	月 日( )	/20	☐	☐	☐
DAY 8	月 日( )	/20	☐	☐	☐
DAY 9	月 日( )	/20	☐	☐	☐
DAY 10	月 日( )	/20	☐	☐	☐
DAY 11	月 日( )	/20	☐	☐	☐
DAY 12	月 日( )	/20	☐	☐	☐
DAY 13	月 日( )	/20	☐	☐	☐
DAY 14	月 日( )	/20	☐	☐	☐
DAY 15	月 日( )	/20	☐	☐	☐
DAY 16	月 日( )	/20	☐	☐	☐
DAY 17	月 日( )	/20	☐	☐	☐
DAY 18	月 日( )	/20	☐	☐	☐
DAY 19	月 日( )	/20	☐	☐	☐
DAY 20	月 日( )	/20	☐	☐	☐

DAY 1

1

1 正解：①

訳：何年も一生懸命勉強した後に、彼は自分の主要な目標に到達することができた。

空所の前から、be able to do「〜できる」を推測して、動詞の原形が使われている①、②、④に正解の候補を絞る。さらに、空所の後ろにhis main goalという目的語があるので、他動詞の① reachを予測する。「何年も一生懸命勉強した後に、彼は自分の主要な目標に**到達する**ことができた」と意味も通るので、①**が正解**。**reach O**「Oに到達する」で覚えておく。②、④は自動詞で、それぞれlook at「〜を見る」やbelong to「〜に所属する」のような形で使うことをおさえておく。③はblow「（風が）吹く」の過去分詞。**自動詞と間違えやすい他動詞**をまとめる。

総まとめ **POINT** **1** 自動詞と間違えやすい他動詞
discuss O「Oについて話し合う」／ **marry O**「Oと結婚する」
reach O「Oに到着［到達］する」／ **resemble O**「Oに似ている」
mention O「Oに言及する」／ **contact O**「Oに連絡する」
approach O「Oに近づく」

2 正解：②

訳：メアリーは私に、アメリカへの研修旅行は素晴らしかったと教えてくれた。私もそれに参加していたらなあと思う。

空所の前のI wishから、**I wish ~.**「〜だったらなあ」という仮定法の表現を推測する。前文から、**アメリカの研修旅行は過去の内容**とわかるので、**仮定法過去完了を推測して、②が正解**。①は現在の妄想に使う。

3 正解：②

訳：長い間外で待たせて、本当にごめんなさい。

空所の前でI am very sorryと謝っていることと選択肢から、「あなたを長く待たせて」と文脈を推測する。keepの第5文型keep O Cに、「あなたが待つ」という能動の関係なので現在分詞のwaitingを使って、**keep you waiting**を推測する。さらに、待たせ続けたのは謝罪の場面より以前を表すので、**完了不定詞を使った②が正解**。I am (very) sorryの後にはthat節を続けることもできるが、過去時制のkept you waitingを受動態にするとyou were kept waitingとなり、③、④はどちらもこの形に該当しないので、正解にはならない。**準動詞で本動詞より以前を表す方法**をまとめる。

総まとめ **POINT** **2**	準動詞で本動詞より以前を表す方法
不定詞	to have p.p.
動名詞	having p.p.
分詞構文	having p.p.

4 正解：①   接続詞

訳：アルバート・アインシュタインは、現代物理学の基礎となる相対性理論を構築した。

　空所の前の the theory of relativity「相対性理論」を、**カンマを使って同格表現**で表すと、the basis of modern physics「現代物理学の基礎」になるので、①**が正解**。②は Albert Einstein developed、it is と文構造が２つになり、接続詞か関係詞が必要なので、使えない。③のカンマ＋that は認められない。④は前置詞＋関係代名詞の後ろは SV のある完全文が必要になるが、V がないので、正解にはならない。

5 正解：④   動詞の語法

訳：その新聞には、米の十分な収穫が予想されると書いてあった。

　空所の後ろの that 節を目的語と推測すると、空所には**他動詞**が必要になるので、①、④に正解の候補を絞る。**say** は、本問のように**新聞や掲示などを主語にとって「～と書いてある」**という意味で使うことができるので、④**が正解**。①は tell that と使うと「～とわかる」になるが、newspaper を主語として使わない。②は talk about、③は speak to などの形でよく使う。**「言う・話す」**の区別をまとめる。

総まとめ **POINT** **3**	「言う・話す」の区別	
自動詞の「言う」	**talk** と **speak** は**自動詞**。後ろに話題がくると **talk about**、**speak about**、後ろに話し相手をとると **talk to**、**speak to**。speak は、speak English のように言語を目的語にとって、他動詞として使われることがある。
他動詞の「言う」	**tell** と **say** は**他動詞**。**tell O₁ O₂**「O₁ に O₂ を伝える」、**tell O that**「O に～を伝える」、**tell O to do**「O に～するように言う」、**tell A about B**「B について A に伝える」のように使う。say は **say that ~** や **say hello to**「～によろしく言う」のように、発言内容を目的語にとる。**say** は新聞や掲示などを主語にとって「～と書いてある」と使う。

6 正解：③

訳：彼女のチームのメンバーは、彼女の決定に不満を表明した。

be satisfied with「〜に満足している」、be dissatisfied with「〜に不満だ」のように、**対象のwith**「〜に対して」がsatisfy系の表現と相性が良い。その名詞形の表現として、**dissatisfaction with**「〜への不満」となる③が正解。

7 正解：①

訳：そのソフトウェアの特徴と最新版を見てみよう。

空所の前のhaveと①から、**have a look at**「〜を見る」を推測して、①が正解。take a look atもほぼ同じ意味の表現なので、おさえておく。

8 正解：④

訳：私は、あなたに田中教授と会うことを提案する。

空所の前のsuggestと選択肢から、**suggest (that) ~**「〜と提案する」を推測する。**命令・要求・提案のthat節**では、**should＋動詞の原形か動詞の原形**を使うので、④が正解。suggest doingもあるが、doingの主語は所有格で置くので②は正解にはならない。**命令・要求・提案のthat節**を作る動詞をまとめる。

総まとめ **POINT** **4**　命令・要求・提案の**that**節を作る動詞
①「命令する」order
②「要求する」demand ／ require ／ request ／ insist ／ ask
③「提案する」suggest ／ propose ／ recommend（すすめる）

9 正解：③

訳：私は、成功の3つの重要な要素に焦点を当てたい。

空所の前後が「成功の3つの重要な〜」の意味で、選択肢からingredients「要素」を使うと「成功の3つの重要な**要素**」と意味が通るので、③が正解。①「卒業生」、②「無力」、④「多様性」で、いずれも意味が通らない。

10 正解：②

訳：彼はほとんど英語を話せないし、ましてやラテン語は話せない。

空所の前のhardly「ほとんど〜ない」から否定文と判断して、**~, much less ...**「〜ではない、まして…ない」を推測して、②が正解。①は前が肯定文のときに「まして〜だ」の意味で使う。

1 正解：⑥−⑧−②−⑤−④−③−①−⑦　　　　　　　　　`不定詞`

完成した英文：**Do you** (have a couple of minutes to spare for) **me?**

「2、3お時間をいただけますか？」と⑧、②、⑤から、**a couple of**「2、3の」を推測して、Do you **have a couple of minutes** まで並べる。残った選択肢の③、①から、不定詞の形容詞的用法で、「私に割くための2、3分を持っていますか？」と推測して、Do you **have a couple of minutes to spare for** me? で完成。

2 正解：⑤−③−①−②−④　　　　　　　　`関係詞・動詞の語法`

完成した英文：Martin Luther King was a great speaker (whose speeches inspired people to) support the Civil Rights Movement.

訳：マーティン・ルーサー・キングは、そのスピーチによって市民を市民権運動支持へと向かわせた、偉大な演説者だった。

⑤を関係代名詞と推測して、空所の前の a great speaker を先行詞とみなす。a great speaker **whose speeches** で「偉大な演説者」と「スピーチ」とが所有の関係でつながる。①、②、④と空所の後ろの support から、**inspire O to do**「Oを奮い立たせて～させる」を推測して、**inspired people to** support ~. と続けて完成。

3 正解：⑤−①−⑥−③−②−④　　　　　　　　`疑問・文型`

完成した英文：(What made you think she went) there alone?

訳：なぜあなたは、彼女が一人でそこに行ったと思ったの？

⑤、①、⑥、③から、**What made O do ~?**「何がOを～させたのか？」＝「なぜOは～したのか？」を推測して、**What made you think** まで並べる。②、④を使うと、空所の後ろの there とつながるので、**What made you think she went there alone?** で完成。

4 正解：①−⑧−④−②−⑤−⑦−③−⑥　　　　`文型・動詞の語法`

完成した英文：Jessica noticed (a man waving his hands as if warning her of) danger.

「男が～手を振っているのに気付いた」と空所の前の noticed から、notice O C「OがCしているのに気付く」を推測して、Jessica noticed **a man waving his hands** まで並べる。「男が危険を知らせるかのように」と②、⑤から、**as if**「まるで～かのように」、さらに、⑦、③、⑥から **warn A of B**「AにBを警告する」を推測して、**as if warning her of** danger. で完成。as if の後ろに to do や doing を続ける表現もおさえておく。**SV A of B をとる動詞**をまとめる。

D A Y
1
2
3
4
5
6
7
8
9
10
11
12
13
14
15
16
17
18
19
20

① **remind A of B**「A に B を思い出させる」
② **inform A of B**「A に B を知らせる」
③ **convince A of B**「A に B を納得させる」
④ **warn A of B**「A に B を警告する」

5 正解：②－④－①－⑤－⑥－③ 　　　　　　　　　　　　　　【動詞の語法】

完成した英文：I probably should have apologized then, but (something prevented me from making any) expression of apology.

④、①、⑤、⑥から **prevent O from doing**「O が〜するのを妨げる」を推測して、**prevented me from making** まで並べる。「何か引っかかって謝罪の意を口に出せなかった」から、②を主語にして、**something prevented me from making** まで並べる。残った③を、expression の前に置いて、〜 **making any** expression of apology. で完成。

① **prevent O from doing**	
② **stop O from doing**	O が〜するのを妨げる
③ **keep O from doing**	
④ **prohibit O from doing**	

3

1 正解：③ ⇒ bring[bringing] 　　　　　　　　　　　　　　　　　【分詞】

訳：私はアメリカの医療が機能するのを見ていたが、そのときまったく異なるシステムが、病気の終末期の女性に安らぎをもたらすのを目にしていた。

③は see O C の C ととらえて、「まったく異なるシステムが病気の終末期の女性に安らぎを**もたらす**」という**能動**の関係になるので、**原形不定詞**の **bring** か**現在分詞**の **bringing** にするのが正しい形。see O C で C には原形不定詞も現在分詞も置くことができる。①は過去完了を作る had の後ろに置かれている過去分詞、②は see O do「O が〜するのを見る」の do、④は「(病気が) 末期的に」の意味で問題のない表現。

2 正解：② ⇒ used to wonder 　　　　　　　　　　　　　　　　【助動詞】

訳：3 児の母であるカリン・ベーゼは以前、気候変動に対する彼女の家族の個人的な貢献についてよく考えあぐねていた。ベルリンの 100 世帯に、自分たちの年間の二酸化炭素排出量をドイツの平均より 40% 少ない量に減らす努力をするように依頼するというプロジェクトについて耳にしたとき、彼女はそれを行動に移す完璧なきっかけになると考えた。

②から、**used to do**「以前よく〜した」を推測する。「3児の母であるカリン・ベーゼは、気候変動に対する彼女の家族の個人的な貢献について**よく考えあぐねていた**」と意味も通るので、②を **used to wonder** に**する**のが正しい形。①は副詞で「以前」の意味、③は「〜に…するように依頼するプロジェクト」と後ろから project を修飾するが、能動の意味なので現在分詞で正しい。④は「ドイツの平均を下回る」で問題のない表現。**used を使った表現**をまとめる。

▶総まとめ POINT 7 │ usedを使った表現

usedを使った表現と意味	特徴
used to do「以前は〜した」	今はやっていないというニュアンスがある。
be[get] used to doing 「〜するのに慣れている（慣れる）」	beを使うと「慣れている」という状態を、getを使うと「慣れる」という変化を表す。
be used to do 「〜するのに使用される」	to do は不定詞の副詞的用法「〜するために」、「〜するのに」の意味。

3 正解：②⇒ difficulty　　　　　　　　　　　[品詞]

訳：ジェーンが若いころにとても難しい時期があったのを私は知っているので、彼女の今の成功にとても感銘を受けている。

difficultは形容詞なので、形容詞のgreatで修飾することができない。名詞にすれば形容詞で修飾することができるので、**②を名詞のdifficultyにする**のが正しい形。①は理由の since「〜ので」、③は very much「非常に」の much、④は名詞で「成功」の意味。

4 正解：③⇒ 削除　　　　　　　　　　　　　[関係詞]

訳：政治家が投票者とコミュニケーションをとる方法を変えた、SNSでのポピュリストのコミュニケーションの特徴を調査した研究は、その重要性にもかかわらず、ほとんどない。

③は前置詞なので、後ろに politicians communicate のような SV を続けることはできない。③を削除すると、**the way SV**「SがVする方法」で、social media 以降が「SNSが、政治家が投票者とコミュニケーションをとる方法を変えた」という適切な表現になるので、**③を削除する**のが正しい形。

訳：私たちのオフィスは大阪から東京に移転するけれども、私たちは大切なお客様に、さらに質を高めた同様のサービスを提供し続けるつもりです。

　regardless は、**regardless of**「〜に関係なく」で使って、2語で1語の前置詞扱いをすることから、本問のように後ろにSVを続けることはできない。①を同じ譲歩の意味の接続詞の **Although** か **Though** にするのが正しい形。②は continue to do「〜し続ける」の do に provide A with B「A に B を提供する」の provide を使った形。③は「大切なお客様」、④は「ずっと高い」の意味で、much が比較級 higher を強調している表現。

DAY 2

1

1 正解：④ 　　　　　　　　　　　　　　　　　　　　　　　　`仮定法`

訳：もし私たちがその時に彼の自動車事故のことを知っていたら、計画を変更していただろうに。

if節の動詞が **had known** なので、**仮定法過去完了**を推測する。主節には**助動詞の過去形＋have p.p.** が使われるので、④が正解。仮定法の特徴をまとめる。

総まとめ POINT 8 　仮定法過去・仮定法過去完了の特徴

	本来の時制	if節の特徴	主節の特徴
仮定法過去	現在	過去形	助動詞の過去形＋動詞の原形
仮定法過去完了	過去	過去完了形	助動詞の過去形＋ **have p.p.**

2 正解：② 　　　　　　　　　　　　　　　　　　　　　　　　`関係詞`

訳：サラは、彼女の母親が以前働いていた研究所で、研究助手として働いている。

選択肢から関係詞の問題と判断する。空所の後ろが自動詞の **work** で終わることから**完全文**なので、空所には**関係副詞**を推測して、②、③に正解の候補を絞る。先行詞は laboratory「研究所」で**場所を表す**ので、②が正解。③は先行詞とともに使わない。①、④は関係代名詞なので、後ろは不完全文になる。

3 正解：③ 　　　　　　　　　　　　　　　　　　　　　　　　`分 詞`

訳：彼女は目を閉じたままベンチに座っていた。

空所の前の with と選択肢から、**with one's eyes closed**「目を閉じたままで」を推測して、③が正解。「目は閉ざされる」と**受動**の関係なので、**過去分詞の closed** を使う。付帯状況の with の表現をまとめる。

総まとめ POINT 9 　付帯状況のwith

① **with one's eyes closed**「目を閉じたままで」
② **with one's legs crossed**「脚を組んだままで」
③ **with one's arms folded**「腕を組んだままで」
④ **with one's mouth full**「口に物を入れて」

4 正解：③　　　　　　　　　　　　　　　　　　　　　　　　　前置詞

訳：道路が渋滞していたにもかかわらず、彼は時間通りに着いた。

　①〜③の**despiteは前置詞**で、**後ろには名詞を続ける**ので、③を正解の候補に絞る。「道路が渋滞していた**にもかかわらず**、彼は時間通りに着いた」と文の意味も通るので、**③が正解**。①は of が不要。②は despite の後ろに文構造を続けることができない。④は no matter 疑問詞 の形で「たとえ〜でも」の意味に使う。

5 正解：①　　　　　　　　　　　　　　　　　　　　　　　　　　熟　語

訳：その博物館は、毎年複数回の特別展を開催していることを誇りにしている。

　空所の前の takes pride から、**take pride in**「〜を誇りに思う」を推測して、①が正解。他に、be proud of、pride oneself on「〜を誇りに思う」をおさえておく。

6 正解：①　　　　　　　　　　　　　　　　　　　　　　　　　　倒　置

訳：その社長は、彼女の言葉がどれほど予言めいているかを少しも想像できなかった。

　空所の後ろで could the president have imagined と倒置が起こっているので、空所に否定の副詞を推測して、**①が正解**。**little、never、only 〜、rarely[seldom]**「めったに〜ない」、**hardly[scarcely]**「ほとんど〜ない」などの否定の副詞が文頭に出たら、**後ろは倒置（疑問文の語順）になる**ことをおさえておく。④は Not until〜などが文頭に出ると倒置が起こるが、Not だけが文頭に置かれて倒置が起こることはない。

┌───┐
│ 総まとめ POINT **10** ／ 強制倒置が起こる否定の副詞 │
├───┤
│ never ／ little ／ only 〜 ／ rarely[seldom] ／ hardly[scarcely] │
└───┘

7 正解：④　　　　　　　　　　　　　　　　　　　　　　　　　名詞の語彙

訳：政府はいつも、経済の見通しは明るいと言う。

　空所の前の economic に続く単語は、③か④になるので、この2つに正解の候補を絞る。空所の後ろが is bright であることから、sanction を選ぶと「経済**制裁**が明るい」では意味が通らない。outlook を選ぶと「経済の**見通し**は明るい」と意味が通るので、**④が正解**。①「憎しみ」、②「暗唱」の意味。

8 正解：②　　　　　　　　　　　　　　　　　　　　　　　　　比較・熟語

訳：人間以外の動物が、複雑な考えを伝える能力を持っているかどうかという議論が続いている。

　空所の後ろに than があるので、一緒に使われる②と③に正解の候補を絞る。③を使って「人間**よりむしろ**動物が、複雑な考えを伝える能力を持っているかどうかに関する議論」では意味が通らない。②ならば「人間**以外の**動物が複雑な考えを伝える能

力を持っているかどうかに関する議論」と意味が通るので、②が正解。①「〜を除いて」、④「似たような」の意味。

9 正解：① 動詞の語彙

訳：危険にもかかわらず、彼らは氷が解け始めているのに、氷上でスケートを続けた。

空所の後ろに to skate とあることから、不定詞を目的語にとる①、③に正解の候補を絞る。③を使って「危険にもかかわらず、彼らは氷が解け始めているのに、氷上でスケートをするのを**拒絶した**」では意味が通らない。「危険にもかかわらず、彼らは氷が解け始めているのに、氷上でスケートを**続けた**」とすると意味が通るので、①が正解。②は後ろに名詞をとって discuss O「O について議論する」と使う。④は urge O to do「O に〜するように促す」と使うのをおさえておく。

10 正解：② 時 制

訳：私たちが今四半期と同じくらいの損失を出したのは、少なくとも15年前だ。

空所の前後の It、15 years、since から、**It has been[is] 〜 years since S'V'.**「S'が V' してから、〜年が経つ」を推測して、②が正解。V' に過去形が使われることもおさえておく。「**S' が V' してから〜（年月）が経過する**」の構文をまとめる。

▶総まとめ POINT 11 | **S' が V' してから〜（年月）が経過する**

① **It has been[is] 〜 since** S'V'.
② **〜 have passed since** S'V'.

2

1 正解：②−⑥−③−⑤−④−⑧−⑦−① 不定詞・接続詞

完成した英文：Could you please (look out of the window to see if) it is raining?

「窓から見てもらえませんか？」と、⑥、③から **out of**「〜から」を推測して、Could you please **look out of the window** まで並べる。「雨が降っていないか」と⑧、⑦、①から、**不定詞の副詞的用法**、**see**「確かめる」、**名詞節を作る if**「〜かどうか」を推測して、**to see if** it is raining? と続けて完成。

2 正解：④−③−②−①−⑤ 文型・熟語

完成した英文：There was a young American photographer with me and I (saw him get caught up) in creating a perfect scene.

訳：私といたのは若いアメリカのフォトグラファーで、私は彼が完璧なシーンを作るのに夢中になるのを見た。

There was から過去時制と判断して、最初の空所には主語の I に続ける①、④を想

定する。④を使うと see O do「Oが〜するのを見る」で②を使えるので、**I saw him get** まで並べる。①、⑤と空所の後ろの in から、**get caught up in**「〜に夢中になる」を推測して、**get caught up** in creating a perfect scene. で完成。

3 正解：⑦—④—⑥—⑤—③—②—① 比較・代名詞

完成した英文：Rome's military technology (was superior to that of other countries) and regions.

訳：ローマの軍隊の技術は、他国や他地域のそれより優れていた。

⑦、④、⑥から **be superior to**「〜より優れている」を推測して、Rome's military technology **was superior to** まで並べる。⑤から **military technology を受ける代名詞**と推測して、**that of other countries** and regions. で完成。than の代わりに to を使う**ラテン比較級**をまとめる。

> **総まとめ POINT 12／ラテン比較級**
>
> | **be superior to**「〜より優れている」⇔ **be inferior to**「〜より劣っている」 |
> | --- |
> | **be senior to**「〜より年上だ」⇔ **be junior to**「〜より年下だ」 |
> | **prefer A to B**「BよりAが好きだ」 |

4 正解：⑥—②—③—⑤—④—① 不定詞・準動詞

完成した英文：Joan overslept and missed the class today. But I believe she is (wise enough not to make such a) mistake again.

訳：ジョアンは寝過ごして、今日の授業を欠席した。しかし、私は、彼女はそのような失敗を二度としないほど賢いことを信じている。

⑥、②、⑤から 形容詞 **enough to do**「〜するほど十分に 形容詞 だ」を推測して、〜 she is **wise enough to make** まで並べる。空所の後ろの mistake と⑤、①から、**make a mistake**「間違いを犯す」、さらに④を①の前に置いて、**make such a** mistake again. まで並べる。③は、is の後ろに置くと「そのような間違いを二度と犯すほど賢くはない」となり、意味が通らない。予測を修正して、不定詞の前に置いて、〜 she is **wise enough not to make such a** mistake again とすると、「彼女はそのような失敗を二度としないほど賢い」と意味が通るので、正解。

5 正解：③—⑤—②—④—① 文 型

完成した英文：She (listened to her little daughter reading aloud).

訳：彼女は幼い娘が音読しているのを聞いた。

③、⑤、②、④から、**listen to O C**「OがCするのを聞く」を推測して、She **listened to her little daughter reading** まで並べる。④と①から、**read aloud**「音読する」を推測して、**aloud** を最後に置いて完成。see、hear だけでなく listen to、watchなども知覚動詞として第5文型をとれることをおさえておく。

3

1 　正解：② ⇒ discuss this　　　　　　　　　　　　動詞の語法

訳：「私たちはそのことについて定期的に彼らに話しているが、同時に彼らを怖がらせたくはない。もしあなたが気候変動のすべての影響について考えるなら、たくさんの恐怖を巻き起こす可能性がある。だから、私たちは子どもが理解しやすい方法で、彼らとこのことについて話し合おうとしている」それは、子どもたちに、アパートの隣の小さな区画で野菜を栽培させるようなささいなことから始めなくてはならなかった。

　discussは他動詞で**discuss O**「Oについて話し合う」と使うので、②を**discuss this**にするのが正しい形。impactは「衝撃」の意味では不可算名詞だが、「影響」の意味では可算名詞なので、①のように複数形で使っても問題ない。③は直訳では「〜から始めることを必ず伴っていた」の意味となる問題のない表現。④はB such as A「Aのような B」のAに置く表現なので動名詞で正しく、get O C「OをCにする」の形で、「子どもたちに〜を栽培させること」の意味となり、問題のない表現。

2 　正解：① ⇒ enduring　　　　　　　　　　　　　　分　詞

訳：乱気流は、物理学の長く続く謎の1つだ。1世紀を超える研究の後に、私たちは、それがどう作用して身のまわりの世界に影響を与えるのかに関して、2、3の答えを思いついたに過ぎない。

　endureは動詞で「耐える」、「持続する」の意味。①は冠詞のtheと名詞のmysteriesに挟まれているので、動詞の原形を置くことはできない。分詞にすると後ろの名詞を修飾できるので、意味の上からも①を現在分詞の**enduring**「永続する」にするのが正しい形。②はcome up with「〜を思いつく」のcome up、③「〜に関する」で問題ない。④「影響する」の意味で、主語がitなので3単現のsを付けて問題ない。

3 　正解：③ ⇒ when[in which]　　　　　　　　　　　関係詞

訳：私たちが自由に旅行できるときが、間もなくくるのだろうか。

　in thatは「〜という点で」の意味だが、本問では意味が通らない。the time may come「その時がくるかもしれない」のthe timeの説明が続くように、③を関係副詞の**when**、もしくは前置詞＋関係代名詞の**in which**にするのが正しい形。元々the time **when[in which] we will be able to travel freely** may come before long「私たちが自由に旅行できるときが間もなくやってくるかもしれない」のwhen[in which] 〜 freelyのカタマリがlongの後ろに移動した表現。①「〜かどうか疑問に思う」、②「間もなく」、④「〜できるだろう」の意味で問題ない。

4 正解： ② ⇒ that 接続詞

訳：生存する最も重い陸上動物である象が泳げないと、かつての科学者は思い込んでいた。

　　②の when は関係詞としても先行詞がない。疑問詞ととらえて形式主語の it を受ける真主語としても、「いつ生存する最も重い陸上動物である象が泳げないかとかつての科学者は思い込んでいた」では意味が通らない。名詞節を作る接続詞の that に変えると、「生存する最も重い陸上動物である象が泳げないと、かつての科学者は思い込んでいた」と意味が通るので、②を that にするのが正しい形。①は assume「思い込む」の受動態の一部、③は最上級に使われる the、④は be incapable of doing「〜できない」の doing で問題のない表現。

5 正解： ③ ⇒ (should) be 助動詞

訳：その長期契約の従業員は、自分に支払われるべきすべての未払い賃金を利子付きで支払うように要求した。

　　demanded that から、**命令・要求・提案の that 節には should ＋動詞の原形か動詞の原形を使う**ので、③を be か should be にするのが正しい形。①「従業員」、②は名詞節を作る that、④は「〜付きの」の意味で問題のない表現。

DAY 3

1

1 正解：④

訳：そのサイクリストたちが宗谷岬に着くときまでには、彼らは2,700キロ以上走っていることだろう。

　時と条件の副詞節内では、未来のことも現在時制で表すので、By the time ~「~ときまでには」のreachは現在形だが、**これから先の内容**と考えることができる。よって、主節は**will**を使った③、④に正解の候補を絞る。「宗谷岬に着くときまでには、2,700キロ以上走っている」から、**完了形の完了用法**を推測して、**④が正解**。③の未来進行形は未来のある時点で「~している最中」という意味なので、本問では使えない。

2 正解：③

訳：そんなに早く彼に救急車を呼ぶなんて、あなたはとても賢明だった。おそらくあなたが彼の命を救ったのだ。

　「そんなに早く彼に救急車を呼ぶなんて、あなたは~」という前後関係から、③**sensible「賢明な」が正解**。①「感性に訴える」、②「無意味な」、④「敏感な・繊細な」の意味。以下に**紛らわしい形容詞**をまとめる。

▶総まとめ POINT 13　紛らわしい形容詞

元の単語	派生した形容詞その1	派生した形容詞その2
sense「感覚・感じる」	sensible「分別のある(賢明な)」	sensitive「敏感な」
consider「考慮する」	considerate「思いやりのある」	considerable「かなりの」
economy「経済」	economic「経済の」	economical「節約になる」
industry「産業」	industrial「産業の」	industrious「勤勉な」

3 正解：②

訳：今、私の姉は髪が短いので、1か月おきに、美容院で髪をカットしてもらっている。

　空所の前のhas her hairと選択肢から、**have one's hair cut**「~の髪を切ってもらう」を推測して、**②が正解**。have O CのCに過去分詞のcutがくるのがポイント。「髪が切られる」という**受動の関係**なので、**過去分詞になる**ことをおさえておく。

訳：彼女は私たちが立てている騒音に文句を言った。

complain of[about]「〜について不平を言う」と使うので、②が正解。

5 正解：②

訳：ロッククライミングやハイキングだろうと、ただ友達とぶらぶらするのだろうと、このサマープログラムは、皆にとって意味のあるものだ。

空所の後ろのorと②から、**whether A or B**「AだろうとBだろうと」を推測する。「ロッククライミングやハイキング**だろうと**、ただ友達とぶらぶらする**のだろうと**、皆に意味のあるものだ」と意味も通るので、②が正解。③ Nevertheless「それにもかかわらず」は副詞なので文と文を接続できない。①「〜だけれども」、④「〜ので」の意味。

6 正解：③

訳：テレビでサッカーの試合を見ているときには、兄に話しかけないようにと、友人は私に警告した。

空所の後ろにtoがあるので自動詞の**talk to**「〜に話しかける」になる③が正解。①はdiscuss O「Oについて話し合う」、②はinform O that 〜「Oに〜を知らせる」、④はtell O_1 O_2「O_1にO_2を伝える」、tell O that 〜「Oに〜ことを伝える」などの型をとり、すべて他動詞。

7 正解：④

訳：スピーチで、大統領は、地球温暖化に取り組むために、国連が独立した施設を設けることを提案した。

空所の後ろのthat節とshould setから、**命令・要求・提案のthat節**をとる④**proposed**を推測する。「スピーチで、大統領は、地球温暖化に取り組むために、国連が独立した施設を設けることを**提案した**」と意味も通るので、④が正解。①「生産した」、②「進歩した」、③「促した」の意味で、いずれもthat節を目的語にとらない。

8 正解：③

訳：他人の道徳観に影響を与えようとする際に、活動家はときに、道徳上の説得の手段として写真を使うことがある。

空所の前のmoralが形容詞で後ろがピリオドなので、空所には名詞が入ると予測して、②、③に正解の候補を絞る。②を選んで「道徳上の香り」では意味が通らないので、「道徳上の**説得**」になる③が正解。①「浸透する」、④「延長する」で動詞なので、空所には入れられない。

9 正解：③ 前置詞

訳：私はあなたを次の日曜日までずっと待つつもりです。

「次の日曜日**までずっと**あなたを待っているつもりだ」と文の意味を読んで、**継続の終了時点**を表す③ **until**「〜までずっと」が正解。① by「〜までには」は、行為の**完了期限**を意味する。②「〜以来」、④「〜（後）に」の意味。

10 正解：② 比較・動名詞

訳：私に連絡する必要がある場合、電話よりメールのほうがいいですか？

空所の前の prefer e-mailing から、**prefer A to B**「BよりAを好む」を推測する。A、Bには e-mailing のように、名詞か動名詞がくるので、②が正解。

②

1 正解：⑦−①−③−②−⑤−④−⑥−⑧ 接続詞

完成した英文：He got (up early so that he could catch the) **first train.**

「〜に乗るために」と③、②、④から、**so that S 助動詞**「Sが〜するために［ように］」を推測して、**so that he could catch** と並べる。「早起きをした」と空所の前の got、⑦、①から、**get up early**「早起きをする」を推測して、冠詞の the を最後の first train に付けて、He got **up early so that he could catch the** first train. で完成。

2 正解：③−②−⑥／⑤−④−① 熟語・不定詞

完成した英文：We went (all the way) to the museum (only to find) **that it is closed on Mondays.**

訳：私たちは、はるばるその博物館に行ったが、月曜日は休みだとわかっただけだった。

③、②、⑥から **all the way**「はるばる」を推測して、We went **all the way** to the museum まで並べる。⑤、④、①から **only to do**「〜しただけだった」を推測して、**only to find** that it is closed on Mondays. で完成。only to do は**不定詞の副詞的用法 結果用法**で、この用法を以下にまとめる。

▶**総まとめ POINT 14** 不定詞の副詞的用法 結果用法

only to do	〜したが、…しただけだった
never to do	〜して、二度と…しなかった
grow up to be	成長して〜になる
live to be	生きて〜（歳）になる
wake up to find oneself	目覚めたら（自分が）〜とわかる

3 正解：④-⑤-⑥-①-②-③ 関係詞

完成した英文：What are (the people who write articles for newspapers) called?

訳：新聞に記事を書く人は何と呼ばれているか？

⑤を関係代名詞と推測すると、④を先行詞に使って、What are **the people who ~ called?**「～する人は何と呼ばれているか？」となり意味が通る。～にはＶの writeを置いて、目的語に**articles for newspapers**と続けると、「新聞に記事を書く」と意味が通るので正解。whoからnewspapersまでが関係代名詞のカタマリで、文全体は受動態の疑問文であることを理解する。

4 正解：③-④-⑥-②-①-⑤ 関係詞

完成した英文：The software company made a public announcement about their new product, the (details of which can be viewed) on their website.

訳：そのソフトウェア会社は、自社の新製品について公式に発表したが、その詳細は彼らのウェブサイトで見ることができる。

空所の前に冠詞のtheがあるので、名詞を続けてthe **details**まで並べる。②、①、⑤で動詞のカタマリを作って**can be viewed**となるが、文の前半にすでに動詞のmadeがあるので、さらに動詞を使うために⑥を関係詞として使うと推測する。whichはそのままではdetailsにつながらないのでofを間に挟み、the **details of which can be viewed** on their websiteで「その詳細はウェブサイトで見ることができる」と意味も通るので完成。先行詞はtheir new productを指す。

5 正解：③-②-⑥-⑤-①-④ 関係詞

完成した英文：I always wake up moments before my alarm clock rings, (no matter what time I set) it for.

訳：何時に設定しようと、私はいつも目覚まし時計が鳴る直前に目覚める。

③、②、⑥から**no matter** 疑問詞「たとえ～でも」を推測して、**no matter what time I set** it for.と並べて完成。itはmy alarm clockを受ける代名詞。

[3]

1 正解：④ ⇒ because of 前置詞・接続詞

訳：アジア系のある女性が、見た目が原因で、地下鉄で嫌がらせを受けたことについて話した。

④は接続詞なので、後ろにSVを続ける必要があるが、後ろにはher appearanceと名詞があるので、**前置詞のbecause of**にするのが正しい形。①は元々「アジアの家系のある女性」＝「アジア系のある女性」で、②「嫌がらせを受けること」、③「地

下鉄で」の意味で問題ない。「地下鉄で」は、on the bus や on the airplane のように、【接触】をイメージして、on the subway と表すことをおさえておく。**前置詞と接続詞を区別する**表現をまとめる。

総まとめ POINT 15 / 前置詞 vs. 接続詞

意味	前置詞	接続詞
① 〜にもかかわらず	despite[in spite of]	though[although]
② 〜の間	during	while
③ 〜が原因で	because of	because

2 正解：① ⇒ it had not　　　　　　　　　　　　`仮定法`

訳：私たちの計画を実行に移す直前に、あなたのタイムリーなアドバイスがなかったら、私たちはプロジェクトに失敗していただろう。

　主節の would have failed から、仮定法過去完了と判断する。①の前後の If、been for から、**if it had not been for**「〜がなかったら」を推測して、「あなたのタイムリーなアドバイスがなかったら」と意味も通るので、**①を it had not にする**のが正しい形。②は **put O into action**「O を実行に移す」の into action、④は「私たちのプロジェクトで」の意味で問題のない表現。「〜がなかったら [なければ]」の表現をまとめる。

総まとめ POINT 16 /「〜がなければ [〜がなかったら]」

「〜がなければ（〜がなかったら）」	時制
if it were not for	仮定法過去
if it had not been for	仮定法過去完了
without、but for	仮定法過去、仮定法過去完了両方可

3 正解：④ ⇒ one　　　　　　　　　　　　　　`代名詞`

訳：子ども時代からずっと、私たちは、他のすべての食事と比べて、朝食は圧倒的に重要なものだとたえず言われてきた。

　that 以下は、「他のすべての食事と比べて、朝食は圧倒的に重要なものだ」という文脈を理解する。朝食は 1 回の食事なので、**④を meal を受ける代名詞である one にする**のが正しい形。①「子ども時代」、②は現在完了の過去分詞と受動態の組み合わさった形、③は compared to「〜と比べると」の compared で問題ない。

4 正解：④ ⇒ as many hamburgers as 　　　　　　　　　　　　比　較

訳：" 食べ放題のバーベキューチャリティー " は、大衆にとても人気だったが、とても多くの人ができるだけ多くのハンバーガーを食べたため、利益が低くて続かなかった。

④の前後は「できるだけ多くのハンバーガーを食べた」という意味なので、④を **as many hamburgers as にする**のが正しい形。ハンバーガーの個数を比較しているので、as ~ as で many hamburgers を挟む形にする。①は過去時制の「続かなかった」の前のことなので、過去完了で問題ない。②は be popular with「〜に人気がある」の with、③は people を修飾するので、so many で問題ない。

5 正解：④ ⇒ much of 　　　　　　　　　　　　　　　　　　代名詞

訳：彼女がそれに関するわずかな情報を見つけられる助けをするために、私たちは多くの時間を費やして、多くの本に目を通したが、彼女はすでにその多くを知っていた。

④の後ろの it は **不可算名詞の information を受ける代名詞**なので、可算名詞に使う many を much に換えて、④を **much of にする**のが正しい形。①は「多くの」で不可算名詞の time を修飾するので「量」を意味する deal、②は「多くの」で可算名詞の books を修飾するので「数」を意味する number、③は不可算名詞の information を修飾する a little で問題ない。

DAY 4

1

1 正解：④

訳：日本の人口は、40年後に4分の3を下回ると予測されている。

　分数の表記は**分子を基数**（普通の数字）、**分母を序数**（**first**などの順序を表す数字）で表すので、③、④に正解の候補を絞る。**分子がone**より大きい数字の場合は分母に**-s**を付けるので、**④が正解**。

2 正解：②

訳：私はドイツ語では自分の言うことを理解してもらえないのではないかと思う。

　空所の前の make myself と選択肢から、**make oneself understood**「自分の言うことを理解してもらう」を推測して、**②が正解**。外国語で話が通じないという文脈で使うことをおさえておく。**再帰代名詞を使った熟語を整理する。**

総まとめ POINT 17　再帰代名詞を使った重要熟語	
make oneself understood	自分の言うことを理解してもらう
make oneself heard	自分の声を届かせる
help oneself to	自分で取って食べる
devote oneself to	～に専念する

3 正解：①

訳：もし政府が既存の資金を適切に利用するなら、ひょっとしたら税金を減らせるかもしれない。

　空所の前の make proper use と①から、**make use of**「～を利用する」を推測する。「もし政府が、既存の資金を適切に**利用する**なら、ひょっとしたら税金を減らせるかもしれない」と文の意味も通るので、**①が正解**。

4 正解：③

訳：そのソフトウェアの最新版は、以前のバージョンがサポートしていないこの問題をサポートしている。

　空所の前の「ソフトウェアの最新版はこの問題をサポートしている」と後ろの「以前のバージョンはサポートしていない」は、**対照の while**「～だが一方」で接続できるので、**③が正解**。①、②は副詞などで使われ、文を接続することができない。④は「～だから」で意味が通らない。

5 正解：①

訳：私のクラスのほとんどの生徒は、毎日自分のお弁当箱を用意している。

　③、④の almost は副詞で、基本は名詞を修飾できないので、③と④は正解の候補から外す。most of ～の後には、～に us や them などの代名詞や the ＋ 名詞 などの特定された名詞がくるので、残った①が正解。most「ほとんどの」は形容詞で、後ろの students を直接修飾することができる。

6 正解：①

訳：寒い天気のせいで、葉の色が黄色に変わった。

　空所の後ろの the leaves と yellow から、**turn O C**「O を C に変える」を推測して、①が正解。② bring O C「O を C に至らせる」、④ take O C「O を C と受け止める」は葉の色を変えるといった文脈では使わない。③は第 5 文型をとらない。

7 正解：④

訳：1950 年代まで、日本の現代産業の著しい成長は何もなかった。

　空所の前の Not until the 1950s から、**否定の前置詞句が文頭に出ると、後ろは疑問文の語順になる**ので、④が正解。**little、never** などの否定の副詞に加えて、否定の前置詞句が文頭に出ても後ろが疑問文の語順になることをおさえておく。

8 正解：①

訳：その新法は、まず議会に承認されなければならない。

　空所の前の「法律を承認する」という文脈が読み取れると、それができるのは **Parliament**「（イギリスなどの）国会」になるので、①が正解。②「理論的枠組み」、③「営業所」、④「パレード」の意味。

9 正解：④

訳：マイクと私は、高校生のときよく図書館で一緒に勉強したものだった。

　「高校生の頃よく一緒に勉強したものだ」と文脈を読んで、**used to do**「以前よく～した」を推測して、④が正解。①は主語が複数なので空所に入らない。文の動詞が欠けてしまうので、②は空所に入らない。③ be used to do は「～するために使用される」だが、ここでは意味が通らない。

10 正解：③

訳：あなたの心配は、私が心配していることに比べて、何でもない。

　「私の心配しているものと比べると、あなたの心配は何でもない」と文脈を読んで、**compared to**「～と比べると」と関係代名詞の what を使った③が正解。what I am concerned about「私が心配しているもの」という意味になる。①はwhatの後ろにSVが2つ続く形になるので認められない。②、④はwhichを疑問詞で使うと「どちらを〜」で意味が通らない。**分詞構文の重要表現**をまとめる。

総まとめ **POINT 18** 分詞構文の重要表現
all things considered,「すべてを考慮すると」 **considering ~,**「〜を考慮すると」
given ~,「〜を考慮すると」／ **compared to**「〜と比べると」
judging from ~,「〜から判断すると」 **generally speaking,**「一般的に言うと」
all other things being equal「他のすべてが同じならば」

2

1 正解：⑧−④−⑥−①−⑦−⑤−②−③　　　　　　　　文型・熟語

完成した英文：The latest (report helped make them more aware of global) warming.

④が、**help (to) do**「〜するのを助ける」の型をとるので、**helped make ~**と並べる。主語は、日本語の「最新の報告書」をヒントに、The latest **report**と並べる。makeの後ろに**make O C**「OをCにする」を予測して、**make them more aware of global** warming.と続けて完成。help O doの型にすると、help them make more aware of ~ となるが、make aware ofがおかしな表現になるので正解にはならない。

2 正解：⑧−⑤−⑦−③−①−②−④−⑥　　　　　　　受動態・比較

完成した英文：After the great earthquake, people (were reminded that nothing is more precious than) life.

「人々は思い知らされた」と空所の前のpeople、⑧、⑤から、remind O thatの受動態である**be reminded that**「〜を思い出させられる」を推測して、~, people **were reminded that**まで並べる。「命ほど大切なものはない」と③、①、②、④、⑥から、最上級相当表現の**Nothing is** 比較級 **than A**.「Aより〜なものはない」を推測して、**nothing is more precious than** life. で完成。

3 正解：③−⑤−⑥−②−④−①　　　　　　　　　　熟語・不定詞

完成した英文：Far above us, a large (bird seemed to be flying along) effortlessly.

「大きな鳥が〜飛んでいるようでした」と⑤、⑥、②から、**seem to do**「〜するように思える」を使って、~, a large **bird seemed to be flying along** effortlessly.

で完成。「楽々と」はeffortlesslyが使われている。不定詞が進行形になっていることもおさえておく。

4 正解：④－②－⑤－⑥－①－③　　　　　　　　　　　　　　　不定詞

完成した英文：X-ray machines (are to be replaced by machines) that can provide clearer images of the human body.

訳：エックス線の機械は、人体のよりはっきりとしたイメージを提供できる機械に、取って代わられるだろう。

　④、②、⑤からbe to 不定詞 を推測して、X-ray machines **are to be**まで並べる。⑥、①から受動態のbe replacedを推測して、**replaced by machines**と続けて完成。ここでのbe to 不定詞 は「～取って代わられるだろう」という【予定】を意味する。**be to** 不定詞 の意味をまとめる。

▶総まとめ **POINT** **19** **be to** 不定詞

be to 不定詞 の意味	近い意味の助動詞
予定	be going to
義務	should
可能	can
意志	will
運命	shall

5 正解：⑧－③－②－⑤－①－⑦－⑥－④　　　　　　　　関係詞・動詞の語彙

完成した英文：There are so few friends these days with (whom I can talk about things that matter).

　空所の前のwithと⑧から、前置詞＋関係代名詞の**with whom**を使って、先行詞のso few friendsを説明する。「～ことを話し合える友」から、with **whom I can talk about things**まで並べる。⑥を関係代名詞、④は動詞で「重要だ」の意味で使って、**that matter**.と続けて完成。

3

1 正解：③ ⇒ so much　　　　　　　　　　　　　　　　　　比　較

訳：彼女は100を優に超える研究論文を書いたが、彼女は論文の数というよりむしろ、画期的な発見をしたことで称賛されたことが注目されるべきだ。

　③の前にあるnot soと後ろのasから、**not so much A as B**「AというよりむしろB」を推測する。「彼女は論文の数**というよりむしろ**、画期的な発見をしたことで称賛された」と文の意味も通るので、③を**so much**にするのが正しい形。①はwayがoverを強調しており、way over ～「～を優に超える」という意味、②は形式主語

のitでthat以下を指し「〜が注目されるべきだ」の意味。「**AというよりむしろB**」の表現をまとめる。

▶ 総まとめ **POINT** **20** ／ 「**AというよりむしろB**」

not so much A as B ／ B rather than A
less A than B ／ more B than A

2 正解：④ ⇒ came 〔時 制〕

訳：その医者は、ルーシーに、仕事に復帰するまで2、3日はベッドで横になっているように助言した。

advisedに着目すると過去時制とわかるので、**時制の一致**により、**④をcameに
するのが正しい形**。①、②はadvise O to do「Oに〜するように助言する」とlie in
「〜に横になる」の組み合わせで問題のない表現。

3 正解：① ⇒ is made 〔熟 語〕

訳：地球の陸地は7つの大陸から成るが、人々はその陸地の多くを国と呼ばれるより小さな政治単位に分けている。

①の前後は「地球の陸地は、7つの大陸**から成る**」という文脈なので、**be made
up of**「〜で構成されている」を使って、**①をis madeにするのが正しい形**。②は「以
前から陸地の多くを国の単位に分割してきた」という文脈なので、現在完了で問題な
い。③はdivide A into B「AをBに分割する」、④は分詞の後置修飾で「**国と呼ばれ
る政治単位**」の意味で問題ない。「**〜から成る**」の表現をまとめる。

▶ 総まとめ **POINT** **21** ／ 「**〜から成る**」

consist of ／ be composed of ／ be made up of

4 正解：② ⇒ by the end 〔前置詞〕

訳：今週末までにあなたから便りがなければ、この問題を警察に持って行かざるをえない。

②は「今週末**まで**にあなたから便りがある」という文脈で、**物事の完了の期限**を意
味する**by**を使う必要があるので、**②をby the endにするのが正しい形**。①「〜しな
い限り」、③はnot have **any option** but to do「〜する以外に**選択肢がない**」＝
「〜せざるをえない」の表現。④は「この問題を警察に**持って行く**」の意味で問題な
い表現。

5 正解：② ⇒ pretending to 〔前置詞〕

訳：何かがまったくできそうにない場合、それをする方法を知っているふりをするのではなく、助けを求める方が、本当に良い。

instead of は2語で1つの前置詞扱いで、後ろには名詞か動名詞を置くので、②を pretending to にするのが正しい形。①は形式主語の it を受けて、不定詞の名詞的用法で ask for「〜を求める」の意味、③は how to do「〜する方法」、④は be capable of doing「〜できる」の capable of。2語で1語の前置詞扱いをする群前置詞をまとめておくので、おさえておく。

▶ 総まとめ **POINT 22** 2語で1語の前置詞扱いをする群前置詞
according to「〜によると」／ **instead of**「〜の代わりに」
regardless of「〜に関係なく」／ **up to**「〜次第だ、〜まで」
as for「〜について言えば」

DAY 5

1

1　正解：④

訳：何をすべきかわからなかったので、私は必死に、隣に座っている男性に助けを求めた。

　選択肢から分詞構文の問題と判断する。**分詞構文の否定語は分詞の前に置く**ので、③、④に正解の候補を絞る。空所の後ろの「私は必死に、隣に座っている男性に助けを求めた」から、「何をすべきかわからなかった」と文脈を読んで、**④が正解**。**Not knowing what to do** は慣用表現のようによく使われるので、覚えておく。①のように文に動詞を2つ使うには、接続詞や関係詞が必要。

2　正解：②

訳：彼女は風邪をひくのを恐れて、雨の中サッカーをしようとしなかった。

　空所の前後の for、of と②から、**for fear of**「〜を恐れて」を推測する。「風邪をひくの**を恐れて**、雨の中でサッカーをしない」と意味が通るので、**②が正解**。①「不安」、③「恐れ」、④「心配」の意味で、似た意味を持つが、いずれも for 〜 of ... の形では使わない。**3語で1語の前置詞扱いをする群前置詞**をまとめる。

> **総まとめ POINT 23　3語で1語の前置詞扱いをする群前置詞**
>
> | **for fear of**「〜を恐れて」／ **in terms of**「〜の観点で」 |
> | **in place of**「〜の代わりに」／ **on behalf of**「〜を代表して」 |

3　正解：③

訳：私たちの学部のプリンターは故障中だったので、私たちは理学部のプリンターを使ってもよいかどうかを尋ねなければならなかった。

　空所の後ろに the printer、was、we had と **SVが2つある**ので、**接続詞が必要**と判断して、③ **As が正解**。「私たちのプリンターが故障中だった**ので**、他の学部に使ってもよいか尋ねた」と文脈も通る。① Thus「したがって」、④ However「しかしながら」は副詞、② Despite「〜にもかかわらず」は前置詞なので、接続詞の as のように文と文をつなげることはできない。

4　正解：④

訳：私のことを誤解しないで。私はただ、あなたを励まそうとしているんだ。

空所の前のDon't get meと④から、**Don't get me wrong.**「誤解しないで」を推測する。**「私のことを誤解しないで。私はただ、あなたを励まそうとしているんだ」**と意味も通るので、④が正解。①「分別のある」、②「あちこちを」、③「正義」の意味。**Don't get me wrong.** は慣用表現の一種なので、しっかりとおさえておく。

5 正解：① 前置詞

訳：もし地球温暖化が現在のペースで続くなら、海面はとても急速に上昇するだろう。

空所の後ろのrateと①から、**at ~ rate**「〜な割合・ペースで」を推測する。「もし地球温暖化が**現在のペースで**続くなら、海面はとても急速に上昇するだろう」と意味も通るので、①が正解。

6 正解：② 名 詞

訳：その教授は、私たちにたくさんのアドバイスをくれた。

空所の後ろの**advice**「助言」は**不可算名詞**なので、可算名詞に使う①、③は使えない。④も numberは「数」の意味で、可算名詞に使うので使えない。②は**不可算名詞を数える際に使うa piece of**「1つの」が複数になって**many pieces of**「多くの」となった表現で、正解。不可算名詞の中でも目に見えない**抽象名詞**をまとめる。

総まとめ **POINT 24** / 不可算名詞【抽象名詞】
work「仕事」／**homework**「宿題」／**information**「情報」 **news**「ニュース」／**advice**「助言」／**fun**「楽しみ」

7 正解：③ 前置詞

訳：私たちは自分たちの家計をわかりやすくするために、クレジットカードを1つ以外すべて解約した。

③の**but**には**前置詞**「〜を除いて、〜以外」の用法がある。「私たちは自分たちの家計をわかりやすくするために、クレジットカードを1つ**以外**すべて解約した」と意味が通るので、③が正解。

8 正解：② 助動詞・仮定法

訳：市の役人は、その建物を壊すように命令した。

命令・要求・提案のthat節のルールより、order「命令する」の後のthat節は、**動詞の原形かshould＋動詞の原形**にするので、正解の候補を①、②に絞る。空所の前に主語のthe buildingがあり、「建物は壊される」と**受動の関係**なので、②が正解。

9 正解：① 関係詞

訳：私たちは最近いくつかの商品をリリースして、そのすべてがよく売れている。

　have released、are sellingと動詞が2つあり、**接続詞か関係詞が1つ必要**になるので、①、④に正解の候補を絞る。先行詞が several products で「そのすべてがよく売れている」とつなげられるので、**①が正解**。④ what は先行詞のない文で使う。

10 正解：① 時　制

訳：彼らは以前に数回京都を訪れたことがあったが、金閣寺を見るのはこれがはじめてだった。

　「京都を以前に数回訪れた」のは、「今回金閣寺をはじめて見た」という**過去の時点より前**なので、**過去完了の①が正解**。

2

1 正解：④－①－⑥－⑤－②－③ 倒置・文型

完成した英文：Never have (I seen her behave like that) in public.

訳：彼女が人前でそのようにふるまうのを、私は一度も見たことがない。

　文頭にneverが出ると、後ろは疑問文の語順になるので、**have I seen** まで並べる。seeの第5文型を使って **seen her behave like that** in public. と並べて完成。このlikeは前置詞、in publicは「人前で」の意味。

2 正解：⑥－①－④－②－⑤－③ 助動詞・比較

完成した英文：My memory used (to be much better than it) is now.

　「今よりも以前のほうがずっと良かったです」と空所の前のused、⑥、④から、**used to do**「以前よく〜した」と**比較級を強調するmuch**を使って、My memory used **to be much better than** と並べる。残った**it**を最後に置いて完成。itはmy memoryを受ける代名詞。比較級の強調表現をまとめる。

▶総まとめ **POINT 25**　比較級の強調表現

much「ずっと」／ far「はるかに」／ even[still]「さらに」

3 正解：③—①—⑤—④—②

完成した英文：I cannot thank my parents (enough for bringing us up) with great care.

訳：私たちを手厚く育ててくれたことに対して、私は両親に感謝してもしきれない。

⑤、②から **bring up**「〜を育てる」を推測する。目的語の候補は④があるが、bring upのような動詞＋副詞のイディオムで、目的語が代名詞の場合は、動詞と副詞で挟むので、**bringing us up** と並べる。空所の前のthankと①から、**thank A for B**「AにBで感謝する」を推測して、thank my parents **for bringing us up** と並べる。残った③は、空所の前の **cannot 〜 enough** で「〜しても十分ということはない」を推測して、I cannot thank my parents **enough for bringing us up** with great care. で完成。**副詞のupを使ったイディオム**をまとめる。

総まとめ POINT 26 副詞のupを使ったイディオム

イディオムと意味	覚え方
bring up「〜を育てる」	「子どもを上に持ってくる」＝「**育てる**」
hang up「（電話を）切る」	「受話器を上げてつるす」＝「（電話を）**切る**」
look up「調べる」	「ページを上にめくる」＝「**調べる**」
pick up「拾う・迎えに行く・習得する」	「車で拾う」＝「**迎えに行く**」、「言語などを拾い上げる」＝「**習得する**」

4 正解：①—③—⑥—④—⑤

完成した英文：The size of suitcases should be carefully selected (depending on where you want) to go and how long you want to travel.

「〜に応じて」と①、③から、**depending on**「〜に応じて」を推測する。「どこに行くのか」から、⑥を疑問詞とみなして、**depending on where you want** to go で完成。②が不要語。

5 正解：④—⑧—③—⑤—⑥—⑦—②—①

完成した英文：It was (not until his second book that the author attracted attention) from people around the world.

空所の前のIt was、④、⑧、⑥から、**It is not until A that B**.「AしてはじめてBする」を推測して、It was **not until his second book that the author attracted attention** from people 〜. で完成。

1 正解：① ⇒ had permitted `仮定法`

訳：もし教師が、その生徒たちに、前の学期に教室で使用したタブレット端末を家に持ち帰るのを許していたなら、生徒たちは今頃オンライン学習であまりトラブルを抱えていないだろうに。

主節のwouldから、仮定法と推測する。if節はlast semester「前の学期」から過去の内容なので、**仮定法過去完了**と推測して、**①を had permittedにする**のが正しい形。②は副詞のhome「家に」の意味で問題ない。主節はnowがあるように現在の内容なので、③は仮定法過去のwould experienceで問題ない。④は「より少ないトラブル」の意味。

2 正解：① ⇒ another `代名詞`

訳：彼女がヨーロッパから戻ってきて、起きたことを私たちに伝えることでその問題を解決するまで、私たちは、もう3週間待たなければならなかった。

①は「ヨーロッパから帰ってくるまで**もう3週間**待たなければならなかった」という文脈にしたいが、the otherではこの意味にはならない。anotherを使うと、three weeksを1つの単位とみなして「もう3週間」という意味になるので、**①をanotherにする**のが正しい形。②は「〜までずっと」の意味でwaitのような動詞と相性が良い。③「〜に言うことで」、④はcameより以前なので、過去完了のhad happenedで問題ない。

3 正解：④ ⇒ on `前置詞`

訳：135回打ち上げた後、2011年7月21日にアトランティス号が無事に着陸したことで、アメリカはスペースシャトル計画を終わらせた。

7月21日のような**具体的な日付を表す場合の前置詞はon**を使うので、**④をonにする**のが正しい形。日付に「基づいて」行動することから、**根拠のon**が使われている。①「発射」、②「終えた」、③「〜で」の意味で問題ない。③はend A with B「AをBで終わらせる」のwith。**時刻・曜日・日付・月など**と使う前置詞を整理する。

総まとめ POINT 27	時刻・曜日・日付・月などと使う前置詞
時間の単位と前置詞	**覚え方**
時刻は**at**	時計の針が指す「**点**」をイメージ
曜日・日付は**on**	人は曜日・日付に「**基づいて**」行動する
月・年は**in**	月は約30日、年には12か月の「**広がり**」がある

4 正解：③ ⇒ has been　　　　　　　　　　　　　　　　SVの一致

訳：簡単なように見えるかもしれないが、塩とオリーブオイルだけのシーズニングサラダ
　　は、ヨーロッパで青野菜を食べる最も人気の方法となっている。

　　③の主語はseasoning saladなので、3単現のsを付けた**has been**にするのが
正しい形。①は 形容詞 as S may seem「Sは 形容詞 に思えるかもしれないが」
のmay seem、②は「～（が付いている）だけの」、④は「青野菜」の意味ではgreens
と複数形で使うことをおさえておく。

5 正解：③ ⇒ what　　　　　　　　　　　　　　　　　　　疑　問

訳：最近の数十年で、科学者は、何によって人が本当に幸せになるかを科学的に研究す
　　るという困難に挑んできた。

　　③は後ろが完全文になる必要がある。本問では後ろの主語が欠けた不完全文である。
whatであれば後ろが不完全文で問題ないことと、「何が人を本当に幸せにするか」
で意味も通るので、③を**what**にするのが正しい形。①は「ここ何十年と科学者は挑
んできた」という文脈なので、現在完了で問題ない。take upは「～に挑む」の意味。
②のstudyは「研究する」の意味で、ofの後ろなので動名詞で問題ない。④は「幸せな」
の意味。

DAY 6

1

1 正解：③

前置詞・熟語

訳：私の家族はクラシック音楽を聴くのが好きだが、私について言えば、ラップを聴くほうが好きだ。

「家族はクラシック音楽が好きだが、**私について言えば、ラップのほうが好きだ**」という文脈を読んで、③ **as for**「**～について言えば**」**が正解**。①「～まで、～次第だ」の意味。

2 正解：④

接続詞

訳：産業廃棄物により多くの規制がかけられたので、私たちの川や湖の汚染は減ってきた。

空所の後ろでmore restrictions have beenと our rivers and lakes haveと文構造が2つあるので、接続詞の②、④に正解の候補を絞る。「産業廃棄物への規制が増えた」ことと「川や湖の汚染が少なくなった」ことは、**原因と結果の関係**になるので、④ **Since**「**～ので**」**が正解**。②「～前に」の意味。

3 正解：①

熟語

訳：その医者は、もし彼が助言に従わないつもりなら、継続して治療にくる理由はないと主張した。

空所の後ろのher advice「彼女の助言」と①から、**follow one's advice**「**～の助言に従う**」を推測する。「その医者は、もし彼が彼女の**助言に従わない**つもりなら、継続して治療にくる理由はないと主張した」と文の意味も通るので、**①が正解**。③ worry「～を悩ませる」はher adviceを目的語にとらない。② care about「～を気にする」、④ listen to「～を聞く」などの形で使う。

4 正解：②

疑問

訳：京都のような古くて伝統的な都市で育つのは、どのようなものだったか。

空所の後ろのwas it likeと②から、**What is S like?**「**Sはどのようなものか？**」を推測する。Sに形式主語のitを置くと、likeの後ろに不定詞のto doや動名詞のdoingがくるが、本問では動名詞で受けて、**What was it like doing ~?**の形になっていると考える。「京都のような古くて伝統的な都市で育つのは、どのようなものだったか」と意味が通るので、**②が正解**。

5 正解：②

訳：いかなる時も、私はそのような馬鹿なことを考えたことはない。

　At no timeと否定の前置詞句が文頭に出ているので、後ろは**疑問文の語順**になる。空所の後ろのthoughtを過去分詞とみなして、現在完了形を作る**②が正解**。①、③、④を使うには、thoughtを原形のthinkにする必要がある。

6 正解：④

訳：電話で話したり、メールを確認したり、レポートを書いたりするような複数の仕事に一度に取り組んでいる際には、1つのものを適切に終えるのに必要とされる集中を容易に欠く可能性がある。

　後ろの不定詞とセットでfocus「集中」を修飾する表現を探す。**required**を使って、「1つのものを適切に終えるのに**必要とされる**集中」とすると意味が通るので、**④が正解**。①はfocusをmadeで修飾しても意味が通らない。②、③は現在分詞なのでfocusに対して能動関係になり、適切な意味にならない。

7 正解：①

訳：もしあなたがバスケットボールに関して疑問があるなら、彼の右に出る者はいない。彼にはたくさんの知識と経験がある。

　空所の前のsecond toと①から、**second to none**「誰に対しても2番手ではない」＝「誰にも劣らない」、「〜の右に出る者はいない」を予想する。「もしあなたがバスケットボールに関して疑問があるなら、彼の**右に出る者はいない**。彼にはたくさんの知識と経験がある」と意味が通るので、**①が正解**。

8 正解：③

訳：彼は、なくしたと思っていたスマートフォンがソファの上にあるのを見つけた。

　空所の前のsawから、see O C「OがCするのを見る」を予測する。seeの第5文型のCに入るのは動詞の原形や分詞なので、①、③に正解の候補を絞る。「スマートフォンがある」と能動の関係なので、**lieを現在分詞にした③ lying が正解**。lieのように**自動詞と他動詞が紛らわしい動詞**を整理する。

▶総まとめ POINT **28** 　自動詞と他動詞が紛らわしい動詞	
自動詞	**他動詞**
lie「横になる」	**lay**「横にする」
rise「上がる」	**raise**「上げる」
grow up「育つ」	**raise＝bring up**「育てる」

9 正解：②　　　　　　　　　　　　　　　　　　　　　　　　　時　制

訳：ベス：一緒に買い物に行く？

　　ポール：いや、きみが戻ってくるまで家でテレビを見ているよ。

　選択肢から、「あなたが戻ってくるまで」という内容と判断する。「戻ってくる」のはこれから先の話だが、**時と条件の副詞節**では、**未来の内容も現在時制で表す。**until は時の副詞節を作るので、現在形の②が正解。時と条件の副詞節を作る接続詞をまとめる。

総まとめ POINT 29　時と条件の副詞節を作る接続詞

| 時の副詞節　when ／ before ／ after ／ until「〜までずっと」 |
| by the time「〜するときまでには」／ as soon as「〜するとすぐに」 |
| 条件の副詞節　if ／ unless「〜しない限り」 |

10 正解：④　　　　　　　　　　　　　　　　　　　　　　　　名詞の語彙

訳：たいていの日は、私は午後7時までには職場から家に帰ってくる。

　選択肢から「**職場**から家に戻ってくる」と文脈を読んで、名詞で「職場」を表すのは **work** なので、④が正解。①「労働」の意味。②、③共に「仕事」の意味だが可算名詞なので、通常無冠詞単数では使わない。

2

1 正解：④−②−⑤ ／ ①−③　　　　　　　　　　　　　　　助動詞・受動態

完成した英文：Even if the things found in ancient graves (may have been) part of the dead person's possessions in life, they (were selected) **by one or more persons at the time of the funeral.**

訳：古代の墓で見つかったものが、亡くなった人が生きていたときの持ち物の一部だったかもしれないとしても、それらは葬式のときに、少なくとも1人の人によって選ばれたものだ。

　they の後ろの空所2つに by が続くので、**受動態**を予測して、they **were selected** by one or more persons at the time of the funeral. まで完成させる。「それらは葬儀のときに少なくとも1人以上の人に選ばれた」で意味も通る。残った④、②、⑤から、**may have p.p.**「〜したかもしれない」を推測して、Even if the things found in ancient graves **may have been** part of the dead person's possessions in life と並べてみる。「古代の墓で見つかったものが、亡くなった人が生きていたときの持ち物の一部**だったかもしれない**としても」で意味も通るので、これで完成。**助動詞＋ have p.p.** の表現をまとめる。

must have p.p.「〜したにちがいない」
may have p.p. ／ **might have p.p.** ／ **could have p.p.**「〜したかもしれない」
cannot have p.p.「〜したはずがない」
should have p.p. ／ **ought to have p.p.**「〜すべきだったのに」
should not have p.p. ／ **ought not to have p.p.**「〜すべきではなかったのに」

2 正解：⑥ー④ー②ー③ー⑤ー① 　　　　　　　　　　　　　　　 `不定詞`

完成した英文：**Do** (you think it's possible to fix) **this computer?**

　②、③から**形式主語のit**を推測して、**it's possible to fix** this computer「この
コンピューターを修理することは可能だ」まで並べる。「〜と思いますか」から、**Do
you think**を最初に持ってきて完成。

3 正解：⑤ー②ー④ー③ー① 　　　　　　　 `分詞構文・動詞の語法・文型`

完成した英文：**The committee put trash boxes all over campus,** (hoping to
help keep it) **clean.**

訳：委員会は、キャンパスをきれいに保つのに役立つことを願って、キャンパス中にゴミ
箱を設置した。

　③、④の動詞をさらに使うには、接続詞や関係詞が必要だが、選択肢にないので、
⑤を使って分詞構文を作る。⑤、②、④から hope to do「〜することを願う」、④、
③から help (to) do「〜するのに役立つ」を使って **hoping to help keep** と並べる。
残った it は campus を受ける代名詞と解釈する。**keep it clean** とすると「それ（＝
キャンパス）をきれいに保つ」という意味になり、正しい英文が完成する。

4 正解：⑤ー③ー①ー②ー④ 　　　　　　　　　　　　 `形容詞・副詞・語順`

完成した英文：**You can't imagine** (how good a boy he) **is.**

　⑤、③から、**how** `形容詞` **~**「〜はどれほど `形容詞` か」を推測して、**how good
he** is と並べる。「彼がどんなによい子か」と①、②から、**how** `形容詞` **a** `名詞` の語
順を推測して、**how good a boy he** is で完成。how の語順は、so や too などと同
じで、**so** (**too**、**how**) `形容詞` **a** `名詞` になることをおさえておく。⑥が不要語。

5 正解：②ー③ー⑦ー⑤ー⑧ー①ー④ー⑥ 　　　　　　 `分詞・接続詞・省略`

完成した英文：**I** (had my wallet stolen when getting off the subway) **last
night.**

　「財布を盗まれてしまった」と②、③、⑦、⑤から、**have O p.p.**「O を〜される」
を推測して、**I had my wallet stolen** まで並べる。「地下鉄から降りるときに」と①、

④から **get off**「〜から降りる」を推測して、**when getting off the subway** last night で完成。when の後ろに主節と同じ主語の I と was が省略されていることをおさえておく。

③

1 正解：① ⇒ oppose 　　　　　　　　　**文型・動詞の語彙・語法**

訳：あなたのお姉さんがそのような不合理な要求に反対しなかったし、あなたも反対しなかったことに私は驚いた。

oppose を使って「〜に反対する」は、**oppose O** か **be opposed to** とするので、①**を oppose にする**のが正しい形。didn't があるので、be opposed to の形は使えない。②は「そのような」の意味で、unreasonable と母音から始まる単語の前なので an で正しい。③「要求」の意味で、④は否定文を受けての neither VS.「S もまた V しない」で正しい表現。

2 正解：③ ⇒ would 　　　　　　　　　　　　　　**時 制**

訳：彼女はその人気にもかかわらず、50 歳までにはすでに自分の才能を使い切っているだろうとわかっていた。

③は knew と時制の一致で、**would にする**のが正しい形。①「〜にもかかわらず」、②「〜までには」の意味。④は use up「使いつくす」の use が未来完了 will have p.p. の p.p. になった形。

3 正解：③ ⇒ sleeping 　　　　　　　　　　　　**動名詞・熟語**

訳：もしあなたが寒くて湿度の高い気候で眠るのに慣れていないなら、山でキャンプをすることは厳しい。

③は前の are not used to から、**be used to doing**「〜するのに慣れている」を推測する。「寒くて湿度の高い気候で眠るのに**慣れていない**なら、山でキャンプすることは厳しい」と文の意味も通るので、③**を sleeping にする**のが正しい形。①は複数の山が連なっている箇所を指す表現で問題ない。②は「もし〜なら」、④は「湿度の高い天気」の意味。get used to doing とすると「〜するのに慣れる」で動作が強調されて、be used to doing は状態が強調されている。used が accustomed に代わっても同じ意味になる。

4 正解：② ⇒ I advise you 　　　　　　　　　**文型・動詞の語法**

訳：このテレビゲームの最新版は、短期間無料でプレーできるので、今急いで、この素晴らしい機会を利用することをあなたにすすめる。さもないと、機会を逃してしまうだろう。

advise は、**advise O to do**「O に〜するように助言する」で使うので、②**を I**

advise you にするのが正しい形。①「無料で」、③「〜を利用する」、④「さもなければ」の意味。**SVO to do** の型をとる動詞で【伝達】の意味を持つグループをまとめる。

総まとめ POINT 31 / SVO to doの型をとる動詞【伝達】グループ

動詞の型	伝達内容	意味
tell O to do	命令	Oに〜するように言う
remind O to do	義務	Oに〜することを思い出させる
advise O to do	助言	Oに〜するように助言する
ask O to do	依頼	Oに〜するように頼む
require O to do	要求	Oに〜するように要求する

5 正解：③ ⇒ both the poles 〔冠 詞〕

訳：毎年半年は、地球の両極の1つは太陽の方を向き、もう一方は太陽から離れた方を向く。これが、両極が数か月間太陽を目にしない理由だ。それは、私たちが異なる季節を経験するのと同じ理由だ。

all や **both** は冠詞の **the** に先行して使うので、③を **both the poles** にするのが正しい形。①は先に出てきた **one** に対応して、「1つは〜で、残りの1つは…」で使う **the other**。②は「〜から離れた方に向けられて」の意味。④「〜と同じ理由」で、先行詞が **reason** なので関係副詞の **why** で問題ない。

DAY 7

1

1 正解：③　　　　　　　　　　　　　　　　　　　前置詞

訳：運輸省の新しい長官は、以前は航空産業で働いていた。

　空所の前後は「運輸省」「新しい長官」という意味なので、「～の」という所属を表す③ **of** が正解。①は時刻や場所に使う。②「～に加えて」、④は日付や曜日などと使う。

2 正解：①　　　　　　　　　　　　　　　　　　　接続詞

訳：私が学校に着く時までには、授業はすでに始まっていた。

　「学校に着く**時までには**、授業はすでに始まっていた」と文脈を読んで、**行為の完了期限を表す**① **By the time**が正解。③の**until**は「～までずっと」で継続の終了時点を表すので、本問では使えない。②「～ので、～以来」、④「～している間」の意味。

3 正解：③　　　　　　　　　　　　　　　　　熟語・代名詞

訳：私の兄は幼少期から野球に専念してきた。

　空所の後ろのhimself toと③から、**devote oneself to**「自分自身を～に捧げる」＝「～に専念する」を推測する。「私の兄は幼少期から野球に**専念してきた**」と意味も通るので、③が正解。①「配達した」、②「寄付した」、④「～に頼った」の意味。

4 正解：③　　　　　　　　　　　　　　　　　　動詞の語彙

訳：数学において、そのクラスには彼に匹敵（ひってき）する者はいない。

　空所の前後から、「数学で彼に～できる人は、そのクラスにはいない」と文脈を読んで、③ **equal**「～に匹敵する」が正解。①「否定する」、④はagree withで「～に同意する」の意味。②の**win**は「（競技など）に勝つ、（賞品など）を勝ち取る」などの意味で使い、「（人など）に勝つ」の形では使わないこともおさえておく。

5 正解：①　　　　　　　　　　　　　　　　　　　助動詞

訳：この規則はあまりに時代遅れだ。数年前に修正すべきだった。

　空所の前の文で「あまりに時代遅れだ」とあるので、選択肢を参考に「数年前に**修正されるべきだった**」と文脈を読んで、**should have p.p.**「～すべきだったのに」を使っている①が正解。②、③は目的語が欠けているうえ、意味が通らない。④は**should**だけでは過去の内容を表せず、agoと一緒には使えない。

6 正解：④ 分　詞

訳：彼は選挙に立候補するのに乗り気ではないことを明かした。

　空所の前の**made it**から、makeの第5文型make O Cを予測して、itが形式目的語でthat以下を指すと判断する。「彼はその選挙に立候補するのが乗り気ではなかった」とknowの関係は「that以下の情報が**知られる**」という**受動の関係**になるので、**過去分詞の④ known**が正解。

7 正解：④ 仮定法

訳：時間通りに到着していたら、あなたはその質問の答えがわかるだろうに。

　文頭の Had you arrivedが、**仮定法過去完了のif節のif**が省略されて倒置が起きたものと判断して、主節には助動詞の過去形＋ have p.p.を予測する。しかし、選択肢にないので、仮定法の特徴である助動詞の過去形が使われている④**が正解**。if節は仮定法過去完了で「時間通りに到着していた」と過去の妄想だが、主節は「あなたはその質問の答えがわかるだろうに」と現在の妄想なので、仮定法過去で問題ない。

8 正解：④ 動詞の語彙

訳：私は、壁がライトブルーの自分の部屋に合う新しいカーテンを探している。

　空所の前後から、「私の部屋**に合う**新しいカーテンを探している」と意味を読んで、**go with**「〜に合う」になる④**が正解**。本問のように、「物と物が合う」場合は**go with**や**match**を使うことをおさえておく。「〜に合う」の表現をまとめる。

総まとめ **POINT 32** 「〜に合う」の区別
fitは人に、**靴や服のサイズ**が「合う」
suitは**人（物）**に、**服装や色**が「合う」
go with[match]は、**物に物**が「合う」

9 正解：② 動詞の語法・受動態

訳：その会社は、まだ広く使われている古い製品のサポートをやめたことで批判されている。

　空所の前後が「その会社は古い製品のサポートをやめたこと〜されている」という文脈なので、criticize A for B「AをBで批判する」の受動態である**be criticized for**「〜で批判される」が使われている②**が正解**。①は be eager to do「〜することを切望する」、③は be worth doing「〜する価値がある」で使う。④は announce thatの後ろにSVを続けるが、本問には空所の後ろにSVがない。**SV A for B**でBに**【理由】**がくる表現をまとめる。

apologize to A for B	AにBで謝罪する
blame A for B	AをBで責める
thank A for B	AにBで感謝する
be grateful to A for B	
criticize A for B	AをBで批判する

10 正解：① 　　　　　　　　　　　　　　　　　　　　　　**熟　語**

訳：彼のいない所で、彼の考えを批判してはいけない。

　空所の後ろのhis backと①から、**behind one's back**「〜の背後で」=「〜のいない所で」を推測する。**「彼のいない所で、彼の考えを批判してはいけない」**と意味が通るので、**①が正解**。②は「彼の背後から」、③は「彼の背中を越えて」、④は「彼の背中の下で」で意味が通らない。

2

1 正解：⑤−①−③−②−④ 　　　　　　　　　　　　　　**分詞構文**

完成した英文：The aims of the collaborative research project were very simplified, (no attempt having been made) to set up the intermediate steps toward the goal.

訳：その共同研究計画の目的は、その目標への中間の段階を作る試みがなく、とても単純化されていた。

　④、①からmake an attempt to do「〜しようとする」を推測する。②、④から受動態を推測して、noでattemptを修飾して、**no attempt been made**とする。残ったhavingをbeenの前に置いて、分詞構文の完了形となる**no attempt having been made**で完成。no attemptは分詞の意味上の主語であることをおさえておく。

2 正解：①−④−⑥−③−②−⑤ 　　　　　　　　　　　　**関係詞**

完成した英文：There are a lot of (cases in which honesty does not) pay.

　「〜事例が多い」から、There are a lot of **cases**まで並べる。「正直が割に合わない事例」から、④、⑥を使ってcasesを修飾する前置詞＋関係詞を作って、**in which honesty does not** pay. で完成。

3 正解：⑤−④−②−⑥−① 　　　　　　　　　　　　　　**倒　置**

完成した英文：Not (until nine o'clock did the movie begin).

　空所の前のNotと⑤から、**Not until A B.**「AまでBしない」=「AしてはじめてBする」を推測する。Not until Aは否定の副詞句か否定の副詞節で、Bは疑問文の

語順になるので、Not **until nine o'clock did the movie begin**. で完成。③が不要語。

4 正解：⑥－②－⑦－⑤－④－③－⑧－① `不定詞・比較`

`完成した英文`：It (took less effort to translate the article than we had) expected.

「その記事を翻訳するのは〜よりも労力がいらなかった」と文の骨格をつかむ。文頭の**It**を不定詞を受ける形式主語とみなして、It **took less effort to translate the article** まで並べる。「我々が予想していたよりも」は **than we had** expected. で完成。

5 正解：③－④－②－⑤－⑦－①－⑨－⑧ `助動詞・受動態・熟語`

`完成した英文`：We suggest that your password (be changed at least once a year to) prevent hacking.

We suggest thatから、**命令・要求・提案のthat**節が使われていると推測して、動詞の原形である③を使って、〜 your password **be changed** まで並べる。「少なくとも年に一度は」は、**at least once a year** で表す。aが「〜につき」の意味。「ハッキング防止のため」は、⑧で不定詞の副詞的用法を作って、**to** prevent hacking. と続けて完成。⑥が不要語。

3

1 正解：① ⇒ it is `不定詞`

`訳`：私は、従業員がより高い給料を望むのが、不合理な要求だとはまったく思わない。

①の it が指すものが具体的にはなく、③を含む for employees to want から、形式主語の**it**を使った**it is 〜 for S to do.**「Sが…するのは〜だ」を推測する。「従業員がより高い給料を望むのが、不合理な要求だ」と意味が通るので、①**を it is にする**のが正しい形。②は not 〜 at all で「まったく〜ない」と not を強調する表現。③は for S to do の S に employees「従業員」が使われている表現。④は「より高い給料」の意味で、問題のない表現。

2 正解：④ ⇒ choosing `熟語・動名詞`

`訳`：私の両親は、私が法律よりも医学を勉強するように要求したが、私は最終的に研究科目として法律を選ぶことになった。

③は **end up doing**「結局〜する」と使うので、④**を choosing にする**のが正しい形。①は「要求した」で、提案・要求・命令のthat節では動詞の原形を使うので、②は正しい。

正解：③ ⇒ many **形容詞・名詞**

訳：オバマが大統領候補になるまでは、私はそんなに多くの白人が、スポーツ選手でも
エンターテイナーでもない黒人の男性に歓声を上げるのを見たことが一度もなかった。

　peopleは可算名詞なので、不可算名詞に使うmuchでは修飾しない。可算名詞の
「多い」にはmanyを使うので、③**をmanyにする**のが正しい形。①「〜になった」、
②「見た」、④ neither A nor B「AもBも〜ない」で問題のない表現。

■4 正解：① ⇒ approached **文型・動詞の語法・受動態**

訳：私たちの製品に興味を持つ複数の会社から、私たちはアプローチを受けている。

　approachは他動詞で**approach O**「Oに接近する」と使う。本問では受動態、か
つ現在完了なので、**We have been approached by a number of companies
〜.** となるので、①**をapproachedにする**のが正しい形。②はa number of 〜で「い
くつかの〜」という意味。③は先行詞がcompaniesで複数形なので、関係代名詞の
thatとareで問題ない。④はbe interested inのinとour productのourで問題な
い。

■5 正解：① ⇒ On the advice **名　詞**

訳：ジョージは両親のアドバイスに従って、太平洋横断航海の計画をあきらめた。それ
でその代わりに、ロシアにスカイダイビングに行くことに決めた。

　adviceは不可算名詞なので、①**をOn the adviceにする**のが正しい形。②「〜を
あきらめた」、③「太平洋を横断して」、④「その代わりに」の意味で、問題のない表現。

DAY 8

1

1　正解：④

訳：彼は毎朝パンを食べた。

空所の後ろの **bread** は不可算名詞なので、**a、few、many** では修飾できない。**some** は可算名詞、不可算名詞の両方を修飾できるので、④が正解。不可算名詞の【物質名詞】をまとめる。

> **総まとめ POINT 34　不可算名詞【物質名詞】**
>
> water「水」／ milk「牛乳」／ bread「パン」／ paper「紙」

2　正解：③

訳：あなたから3日以内に連絡がない限り、私たちの会議を延期しなければならないだろう。

「あなたから3日以内に連絡がある」と「私たちの会議を延期しなければならないだろう」は、**unless**「〜しない限り」で接続できるので、③が正解。①「〜している間」、②「〜だけれども」、④「〜だから」の意味。

3　正解：①

訳：私の兄は、友人が許可なしに隣人の屋外プールで泳いでいるのを見つけた。

空所の前の caught his friends と①から、**catch O doing**「Oが〜しているのを見つける」を推測する。「私の兄は、友人が許可なしに隣人の屋外プールで泳いでいるのを見つけた」で意味も通るので、①が正解。この表現は、本問のように「よくないことをしている最中に見つける」という文脈でよく使われることをおさえておく。

4　正解：③

訳：ティムと彼の兄は、ティムが少し背が高い点を除いて、まさに瓜二つだ。

選択肢の中で、空所の後ろのthat節と結びつくのは、except だけなので、③が正解。**except that**「〜を除いて」でおさえておく。似た表現に in that「〜という点で」があり、本来前置詞の後ろにthat節を置かないが、この2つだけは例外なので、おさえておく。

5　正解：②

訳：サマースクールの料金の総額は、あなたがいくつのコースを取るか次第だ。

①～③はすべて「～に頼る」という意味だが、**depend on**だけ「～次第だ」という意味がある。本問は、「サマースクールの料金の総額は、あなたがいくつのコースを取るか**次第だ**」という意味なので、**②が正解**。④ turn on も「～次第だ」の意味はあるが、本問のように目的語に名詞節をとることができない。「**～に頼る**」の表現をまとめる。

▶ 総まとめ POINT 35 ／「～に頼る」

depend on ／ count on ／ rely on ／ fall back on
*depend on「**～次第だ**」もおさえておく。

■ 6 正解：④　　　　　　　　　　　　　　　　　　　　　　　　　副　詞

訳：私はあなたにトマトと玉ねぎを切ってもらいたい。その間に、私はピザの生地を作り始めるよ。

　空所の前後が「あなたにトマトと玉ねぎを切ってもらいたい」と「私はピザの生地を作り始める」で、**meanwhile**「その間に」で接続できるので、**④が正解**。①「したがって」、②「しかしながら」。③は「一方で」の意味だが、従属接続詞なので、～SV, whereas ～.や、Whereas ～, SV.の形で使う。

■ 7 正解：①　　　　　　　　　　　　　　　　　　　　　　　　　助動詞

訳：その研究者は、データを分析するのに、新しい方法を利用したかもしれない。

　空所の前のcouldが助動詞なので、後ろに動詞の原形を予測して、①、③、④に正解の候補を絞る。useは他動詞なので、③のように前置詞＋名詞を続けることはできない。また、第4、第5文型をとらないので、④のように受動態にしてその後ろに名詞を続けることはできない。①の**could have p.p.**「～したかもしれない」を使うと、「その研究者は、データを分析するのに、新しい方法を利用**したかもしれない**」と文の意味が通るので、**①が正解**。

■ 8 正解：④　　　　　　　　　　　　　　　　　　　　　　　　　前置詞

訳：すべてのプレゼンが終わったので、ケリーは会議を後にした。

　空所の後ろのall the presentations、overを2つの文の要素とみなして、付帯状況のwith O C「OをCした状況で」を推測する。「**すべてのプレゼンが終わったので、ケリーは会議を後にした**」と意味が通るので、**④が正解**。①、③は接続詞なので、後ろにSVの文構造が必要。②は前置詞の用法もあるが、since O Cの形はないのでここでは使えない。

■ 9 正解：③　　　　　　　　　　　　　　　　　　　　　　　　　文　型

訳：彼の母は、彼が遊びに出かける前に、彼に部屋を整理させた。

DAY
1
2
3
4
5
6
7
8
9
10
11
12
13
14
15
16
17
18
19
20

空所の前のmadeと選択肢から、**make O do**「Oに〜させる」を予測して、made **him tidy his** room「彼に自分の部屋を整理させる」となる③が正解。①、②、④のように、Oに主格のheや所有格のhisを置くことはできない。

➡10 正解：② 時 制

訳：私は2,000語のスペイン語の単語を学んだ後なので、スペイン語の新聞を読めるはずだ。

afterは**時の副詞節**を作るのでwillは使えず、現在時制の①、②に正解の候補を絞る。「新聞を読めるはずだ」につなげるには、2000語を覚えている最中（①am learning）ではなく、覚えた（②have learned）後のはずなので②が正解。

2

➡1 正解：⑤−④／③−②−⑥−① 動詞の語法・熟語・代名詞

完成した英文：Just walk to the corner, and (wait for) my dad (to pick you up) there.

訳：大丈夫だよ。もう私はあなたがどこにいるのかわかっている。角のところまで歩いて、私の父がそこにあなたを迎えに行くのを待っていて。

⑤、④、③、②から、**wait for S to do**「Sが〜するのを待つ」を予測して、~, and **wait for** my dad **to pick**まで並べる。②、①から**pick up**「〜を迎えに行く」を予測するが、動詞＋副詞のイディオムは、目的語が⑥のような代名詞のときは、動詞と副詞で挟むので、**pick you up** there. と続けて完成。

➡2 正解：⑤−②−③−⑥−④ 強調構文

完成した英文：What (was it that you wanted) to say?

「一体〜」と空所の前のWhat、①から、What on earth ~?としたいところだが、onがないので予測を修正する。Whatと⑤、②、③から、疑問詞を強めた強調構文の **疑問詞 is it that ~?** を推測して、What **was it that**まで並べる。「あなたは何が言いたかったのですか」から、**you wanted** to say?と並べて完成。①が不要語。

➡3 正解：⑥−⑤−⑦−④−③−⑧−②−① 文型・不定詞

完成した英文：Some people think that online streaming (makes it possible for everyone to be a) broadcaster.

「ネット配信のおかげでだれでもニュースキャスターになることが可能である」と⑥、⑤、⑦、⑧、②から、makeの第5文型と形式目的語のitを用いた、**make it possible to do** ~「〜することを可能にする」を推測して、~ online streaming **makes it possible to be a** broadcasterまで並べる。「だれでもニュースキャスターになること」と④、③から、不定詞の主語はfor S to doとするので、~ online streaming **makes it possible for everyone to be a** broadcaster. で完成。

4 正解：⑥－⑤－②－①－⑦－③　　　　　　　　　　　　`比較・接続詞`

`完成した英文`：Maintaining a healthy body weight becomes (much more difficult as you get) older, so you have to eat appropriately and exercise more.

「～は年齢とともに…難しくなるので」は、①、⑦、③と空所の後ろのolderから、比例の**as**を使って、Maintaining a healthy body weight becomes **difficult as you get** older, ～. で表す。「ずっと難しくなる」と⑥、⑤から、**比較級の強調表現 much**「ずっと」を使って、Maintaining a healthy body weight becomes **much more difficult as you get** older, ～. で完成。④が不要語。

5 正解：⑥－①－②－⑤／④－③－⑦　　　　　　　　　　　`比較・熟語`

`完成した英文`：The more (you depend on the internet), (the more your) personal privacy is endangered.

`訳`：インターネットに依存すればするほど、ますますプライバシーが危険にさらされる。

空所の前のThe moreと④、③、①、②から、**The** `比較級` **~, the** `比較級` **....**「～すればするほど、それだけますます…」と**depend on**「～に依存する」を推測して、The more **you depend on the internet, the more your** personal privacy is endangered. と並べて完成。

3

1 正解：① ⇒ how　　　　　　　　　　　　　　　　　　`関係詞・疑問`

`訳`：たとえ南部の人と北部の人がどれほど分断されていようとも、彼らは全員、自分たちを自らが属する国のために戦う愛国者とみなしていた。

①のwhatは関係詞でも疑問詞でも名詞か形容詞の性質しかないので、後ろにdividedのような過去分詞を続けることはできない。howには副詞の性質があり、dividedのような過去分詞を続けられるので、**①をhowにする**のが正しい形。**no matter how**で「たとえどれほど～でも」の意味。②は「分断されて」、③はfight for「～のために戦う」、④はbelong to「～に属する」のtoが関係詞whichとともに前に置かれた表現で問題ない。

2 正解：① ⇒ Having been told[Told]　　　　　　　　`分詞構文・準動詞`

`訳`：スターになるのに必要なものを私が持っていないと人々に言われたので、私も歌手として決して成功できないと思い始めていた。

①は後ろのby peopleから**受動態**を推測する。主節の主語のIとtellを受動の関係と予測して、「スターになるのに必要なものを私が持っていないと人々に**言われたの**

で、私も歌手として成功できないと思い始めていた」と意味が通るので、①を**Having been told**にするのが正しい形。①を**Told**にするのも正しい形。②はwhat it takes to be a starで「スターになるのに必要なもの」の意味で、関係代名詞のwhat、③「〜も」、④はwill neverが時制の一致でwould neverになった表現。

3 正解：① ⇒ concerned with 熟 語

訳：メディアリテラシーとは、学生が、マスメディアの使う技術やその影響に対する理解を深め、それを実証するのを助けることに関するものだ。

「メディアリテラシーとは〜**に関するものだ**」と文脈を読んで、**be concerned with**「〜に関する」を推測する。「メディアリテラシーとは、学生が、マスメディアの使う技術やその影響に対する理解を深め、それを実証するのを助けること**に関するものだ**」と意味も通るので、①を**concerned with**にするのが正しい形。②はhelp O doのdoにdevelopが使われている表現、③「理解」でanを付けて使って問題ない。④はmass mediaを受ける代名詞で、mediaはmediumの複数形なので、theirで問題ない。

4 正解：④ ⇒ beautiful and was made in France 文型・形容詞

訳：クリスマスパーティーで、課長の努力は、美しい見た目のフランス製のペンで報われるだろう。

④はlooksの後ろなので、**look C**「Cに見える」を予測する。Cには形容詞を使うので、④を**beautiful**にするのが正しい形。①「クリスマスパーティーで」、②「課長の努力は報われるだろう」、③「〜に見えるペンで」の意味で問題のない表現。

5 正解：③ ⇒ connect them with 動詞の語法

訳：最近子どもたちは、変化していくテクノロジーや、それがもたらすあらゆる気が散るものにたえずさらされている。子どもが、自分を社会的ネットワークや広範囲の情報と接続する自分専用のコンピューターやスマートフォンを所有することは、珍しいことではない。

③は**connect A with B**「AをBと結び付ける」の形で使うので、③を**connect them with**にするのが正しい形。①はbe exposed to「〜にさらされる」のexposed to。②はitがtechnologyの代名詞で、distractionsとitの間に関係詞が省略されている表現。④は「広範囲の情報」。**SV A with Bの型**をとって、【関連】を意味する動詞を整理する。

総まとめ POINT 36 SV A with B【関連】を意味する動詞

associate A with B	AをBと関連させる
combine A with B	AをBと結び付ける
connect A with B	

DAY 9

1

1 正解：③
接続詞

訳：私が駅に着くとすぐに、電車が到着した。

　文頭の No sooner から、**no sooner A than B**「A するとすぐに B」を推測して、③が正解。本問のように no sooner が文頭に出ると後ろが倒置の形になることをおさえておく。**「A するとすぐに B」**は頻出なので、必ずおさえておく。

> **総まとめ POINT 37** 「**A するとすぐに B**」
>
> no sooner A than B ／ hardly A when[before] B
> scarcely A when[before] B

2 正解：②
副詞

訳：これらのオリジナルのブックカバーは、駅の近くのヴィクトリー書店だけで販売されている。他のどの書店でも、それらを見つけることができない。

　後ろの文の「他のどの書店でも、それらを見つけることができない」から、「ヴィクトリー書店**だけで**、そのブックカバーが売られている」という内容だと推測する。よって、②**「排他的に・独占的に」**が正解。①「同様に」、③「同時に」、④「最終的に」の意味。

3 正解：④
名詞の語彙

訳：私たちは、将来火星の探査を続けていきたい。

　空所の前後が「火星の〜を続けていきたい」なので、**「探査・探求」**を意味する④が正解。①「達成」、②「位置」、③「資格」の意味。

4 正解：③
分詞

訳：そのボトルには、水はあまり残されていない。

　There be S doing[p.p.] 〜.「S が〜している［されている］」の構文で、本問では S に water が入り、doing[p.p.] には leave の変形した表現が入る。「水が**残される**」と**受動**の関係なので、**過去分詞の left** を使った③が正解。

5 正解：②
動詞の語法

訳：経営陣は顧客に、そのレストランは休暇シーズンの間ずっと開店していると知らせた。

　空所の後ろの the customers that 〜 から、SV O that 〜. の型をとる動詞を予測

する。選択肢の中では **inform O that ～**「Oに～を知らせる」の型があるので、②が正解。①は communicate O「Oを伝える」、communicate with では「～と意思疎通する」で使う。③は consult O「Oに相談する」、④は explain to O that「Oに～と説明する」の型をおさえておく。**SV O that ～.** の型をとって、**SV A of B** の型をとる動詞をまとめる。

┌───┐
│ 総まとめ **POINT** **38** / SV A of B と SV O that をとる動詞 │
├───┤
│ ① remind A of B ／ remind O that「思い出させる」 │
│ ② inform A of B ／ inform O that「知らせる」 │
│ ③ convince A of B ／ convince O that「納得させる」 │
│ ④ warn A of B ／ warn O that「警告する」 │
└───┘

6 正解：③ 不定詞

訳：私はその学会にとても批判的だったので、私がその賞を受け取るのは正しくはないだろう。

空所の前の it を形式主語と判断すると、空所の前の for は**不定詞の主語**を示す前置詞と推測できるので、**It is 形容詞 for S to do.** を予測して、③が正解。①、②は前置詞の for の後ろに置くことのできる表現ではない。④では意味の通る文にならない。

7 正解：④ 名詞の語彙

訳：あなたの英作文には、改善の余地がたくさんある。

空所の後ろの for improvement と④から、**room for improvement**「改善の余地」を推測する。「あなたの英作文には、**改善の余地**がたくさんある」と意味が通るので、④が正解。①「対策」、②「場所」、③「範囲」の意味。room は可算名詞で「部屋」、不可算名詞で「余地」の意味になる。**可算名詞と不可算名詞で意味が異なる名詞**を整理する。

┌──┐
│ 総まとめ **POINT** **39** / 可算名詞と不可算名詞で意味が異なる名詞 │
├────────────┬──────────────────┬─────────────────────┤
│ 名詞 │ 可算名詞の意味 │ 不可算名詞の意味 │
├────────────┼──────────────────┼─────────────────────┤
│ **room** │ 部屋 │ 余地 │
│ **paper** │ 新聞、論文 │ 紙 │
│ **work** │ 作品 │ 仕事 │
└────────────┴──────────────────┴─────────────────────┘

8 正解：③ 仮定法

訳：彼がもっと誠実に行動していたら、彼女は腹を立てなかったかもしれない。

空所の後ろの might not have gotten から仮定法過去完了と判断して、if 節に過去完了を予測する。空所の後ろの he acted から、if 節の if が省略される倒置が起きていると予測する。If he had acted の倒置の **Had he acted** となる③が正解。

9 正解：④

訳：私たちは、食事以外で、散歩、読書、映画鑑賞のように、他の何が幸せをもたらしてくれるのかを理解する必要がある。

空所の前後で「食べること〜他の何が幸せをもたらすか」という文脈と④から、「食べること**以外に**他の何が幸せをもたらすか」で意味が通るので、**④が正解**。①「前に」、②「特に」、③「さらに」の意味。

10 正解：①

訳：私の友人たちは、私にその映画に行かないほうがいいと言った。彼らはそれがひどいと言っていた。

空所の前のrecommendedが**提案・要求・命令のthat**節を目的語にとるので、動詞の原形を含む**①が正解**。否定する場合は**S not V**とすることをおさえておく。「私の友人たちは、私がその映画に**行かないほうがいい**と言った。彼らはそれがひどいと言っていた」と意味も通る。

2

1 正解：⑤−④−③−⑥−①−②

完成した英文：It seems that even modern (medicine is incapable of curing him) of that disease.

④、③、⑥、①から、**be incapable of doing**「〜できない」を推測して、**is incapable of curing**まで並べる。空所の後ろのofから、**cure A of B**「AのBを治す」を推測して、**curing him** of that disease. と並べる。「現代医学でも」から、even modern **medicine**を主語に置いて完成。**SV A of B**で【略奪】の意味になる動詞をまとめる。

▶総まとめ **POINT** **40** SV A of B型で【略奪】の意味になる動詞

rob A of B	AからBを奪う
deprive A of B	
cure A of B	AのBを治す

2 正解：②−①−⑤−④−⑥−③

完成した英文：American businessmen have experienced more (trouble than they anticipated in persuading) consumers here to buy their goods.

訳：アメリカのビジネスマンは、この地の顧客を説得して商品を買ってもらう際に、予期していたより多くの困難を経験した。

先頭の空所にはexperienceの目的語が入るので、〜 have experienced more **trouble**と続けて、moreの比較級に合わせて**than they anticipated**と続ける。③

から、**persuade O to do**「Oを説得して〜させる」を推測して、空所の後ろのto buyから、最後の空所に**persuading** consumers here to buy their goods.と並べる。⑥を**in doing**「〜する際に」で使って、persuadingの前に置いて完成。**persuade**の後ろの型を整理する。

総まとめ POINT 41 persuadeの語法	
persuade O to do	
persuade O into doing	Oを説得して〜させる
persuade O out of doing	Oを説得して〜させない
persuade A of B	AにBを納得させる

3 正解：③−⑤−①−⑦−②−④　　　　　　　　　　　不定詞・時制

完成した英文：The boy went there alone, though (his parents had told him not) to.

「両親がそうするなと言ったのにもかかわらず」と⑦、②、④と空所の後ろのtoから、**tell O not to do**を推測して、**his parents told him not** to.と並べる。though以下の節は、主節の過去形より以前のことなので、toldの前に①**had**を置いて過去完了にして完成。文末のtoは代不定詞といって、1語でto go there aloneの代わりをしている。⑥が不要語。

4 正解：②−①−③ ／ ⑥−⑦−⑤−⑧　　　　　　　　　　　関係詞

完成した英文：She talked (about a book), (the title of which) I cannot remember.

「ある本について話した」と空所の前のtalked、②から、**talk about**「〜について話す」を推測して、She talked **about a book**まで並べる。さらに、「そのタイトルを私は忘れてしまった」という文をつなげるので、⑧の関係詞を使って、**the title of which** I cannot remember.で完成。whichの先行詞がa bookなので、the title of the book「その本のタイトル」という意味になることをおさえておく。④が不要語。

5 正解：④−⑤−⑦−②−③−①−⑧−⑥　　　　　　　　　　熟語・代名詞

完成した英文：We must (see to it that we don't run out) of gas.

④、⑤、⑦、②から、**see to it that**「〜するように注意する」を推測して、We must **see to it that**まで並べる。「ガソリンを切らさないよう」と、⑧、⑥と空所の後ろのofから、**run out of**「〜を使い果たす」を推測して、**we don't run out** of gas.で完成。**形式目的語のit**を使った熟語を紹介するので、おさえておく。

① **see to it that**「〜するように注意する」
② **make it a rule to do**「〜することにしている」
③ **take it for granted that**「〜を当然と思う」

3

1　正解：② ⇒ to drive　　　　　　　　　　　　　　　　　　動詞の語法

訳：会議に向かっているときに、最短の時間でオフィスに着くために、ジョンはポールに
もっと速く運転するように頼んだ。

　ask O to do「Oに〜するように頼む」から、**②をto driveにする**のが正しい形。
①はhead for「〜に向かう」が分詞構文で使われている表現、③はreach O「Oに
到着する」、④は最上級などを強めるpossibleで、the best possible method「ま
さに最良の方法」のように、最上級の後ろで使われる。

2　正解：③ ⇒ it was　　　　　　　　　　　　　　　　　　　　代名詞

訳：ビジネスの取引上の不正行為は、20年、30年前より今のほうがひどくなっている
ということはない。

　③のtheyは、misconductを受ける代名詞なので、**③を単数のit wasにする**のが
正しい形。①「不正行為」、②「よりひどいわけではない」、④「〜前」の意味。

3　正解：② ⇒ fall asleep　　　　　　　　　　　　　　　　　　熟　語

訳：エイジは本当に疲れていたけれども、次の日の試験の準備をたくさんしなければな
らなかったので、ぐっすり眠れなかった。

　sleepは名詞、動詞の可能性があるが、いずれもfallの後ろでは使わない。**fall
asleep**とすると「ぐっすり寝入る」という意味になるので、**②をfall asleepにする**
のが正しい形。①「〜だけれども」、③ preparation for「〜への備え」のfor、④「次
の日の」の意味。

**4　正解：① ⇒ The students are forced to do the experiment one more
time**　　　　　　　　　　　　　　　　　　　動詞の語法・受動態

訳：その学生たちは、もう1度その実験をせざるをえない。彼らは、同じ結果を得られ
ないので、同じ実験をするのがこれで10回目だ。

　force O to do「Oに無理やり〜させる」の受動態は、**be forced to do**「〜せざ
るをえない」となるので、**①をThe students are forced to do the experiment
one more timeにする**のが正しい形。②はThe studentsを受けるTheyで、未来
完了形を使って「彼らは〜することになるだろう」の意味。③は「今では10回同じ実

DAY
1
2
3
4
5
6
7
8
9
10
11
12
13
14
15
16
17
18
19
20

験」の意味で、内容的には未来だが、nowを使っても問題ない。④は「彼らは同じ結果を得られないので」の意味。SVO to doを受動態にした**be p.p. to do**の表現をまとめる。

総まとめ **POINT** 43 be p.p. to doの表現

be encouraged to do	～するように促される
be expected to do	～することが期待される
be forced to do	～せざるをえない
be required to do	～することが要求される

5 正解：③ ⇒ helped them　　　　　　　　　　　　　代名詞

訳：エジプトの天文学者は、太陽年の長さをとても正確に計測したので、正確な暦を作ることができた。この知識のおかげで、彼らはまた、ナイル川が氾濫する時を算出することができた。

　③のitは、「ナイル川が氾濫する時期を計算する」から、Egyptian astronomersを指すと推測できるので、**them**にするのが正しい形。①「太陽年の長さ」、②「とても正確なので」、④のwhenは関係副詞で、全体で「ナイル川が氾濫する」の意味になり、the timeを修飾している。

1

1　正解：④

訳：私には、彼が嘘をついているかどうかがわからなかった。

　空所の後ろの if he was lying を副詞節と考えると、どの選択肢を入れても文の意味が通らない。名詞節ととらえると、空所には他動詞が入るので、正解の候補を①、④に絞る。①は他動詞の場合は insist that「～と主張する」と that 節をとるが、本問では if の名詞節なので、**④が正解**。tell は can などと一緒に使い、that 節や if 節などを目的語にとって「**わかる**」の意味になる。②は自動詞で speak to「～と話す」のように使って、③も自動詞で talk about のように使うことをおさえておく。

2　正解：②

訳：研究者たちは長い間、土星の衛星タイタンに海や湖があるのかどうかを議論している。

　空所の後ろは Saturn's moon, Titan が S、has が V、oceans and lakes が O と完全文がくるので、前置詞の①「～を越えて」、④「～について」は使用できない。③は後ろに不完全文がくるので使用できない。② **whether** は「～かどうか」で後ろに**完全文がくるので正解**。

3　正解：④

訳：私は駅の近くで友人に会った。

　near は主に副詞、形容詞、前置詞の用法がある。後ろに station を置いて前置詞として使うと、**near the station** となるので、**④が正解**。near は前置詞なので、①のように後ろに前置詞句を続けることができない。②、③の nearby を形容詞で用いるとすると、at a nearby station「近くの駅で」のように使う。

4　正解：③

訳：その選挙の結果はとても衝撃的だったので、メディアは完全に面食らった。

　選択肢から「その選挙結果は衝撃的だったので」と意味を読み取り、The election results were so shocking を倒置させた **So shocking were the election results** になる③**が正解**。

⇒5 **正解：④**

訳：ふざけてはいけない。あなたの答えはまったく意味をなさない。

　空所の前のmakeと④から、**make sense**「意味をなす」を推測する。「ふざけてはいけない。あなたの答え**はまったく意味をなさない**」と意味が通るので、④**が正解。**makeを使った熟語をまとめる。

┌─ 総まとめ **POINT 44** ／ **make**を使った熟語 ─┐
make sense「意味をなす」／ make an effort「努力する」
make a difference「重要だ」／ make a living「生計を立てる」

⇒6 **正解：③**

訳：何を言うべきかわからなかったので、トッドは黙っている以外にないと感じた。

　空所の前後のdo、butと③から、**do nothing but do**「〜する以外に何もしない」、「〜してばかりいる」を推測する。「何を言うべきかわからなかったので、トッドは黙っている以外にないと感じた」と意味も通るので、③**が正解。前置詞のbut**「〜以外に」を使った熟語をまとめる。

┌─ 総まとめ **POINT 45** ／ 前置詞の**but**「〜以外に」を使った熟語 ─┐

熟語とその意味	覚え方
do nothing but do「〜してばかりいる」	「〜する**以外に**何もしない」＝「〜してばかりいる」
nothing but「〜しかない」	「〜**以外に**何もない」＝「〜しかない」
anything but「決して〜ない」	「〜**以外**何でもよい」＝「決して〜ない」
have no choice but to do「〜せざるをえない」	「〜する**以外に**選択肢がない」＝「〜せざるをえない」

⇒7 **正解：①**

訳：奨学金がなかったら、私は英語を勉強しに、ここケンブリッジには来ていないだろう。

　空所の後ろのwouldn'tから、仮定法と判断する。空所の後ろのforと①から、**but for**「〜がなかったら」を推測する。「奨学金がなかったら、私は英語を勉強しに、ここケンブリッジには来ていないだろう」と意味も通るので、①**が正解。**④のWithoutも仮定法の表現として使えるが、空所の後ろのforが不要。②は「〜以内に」で前置詞、③は「〜しない限り」で接続詞。

8 正解：④ 　　　　　　　　　　　　　　　　　　　　　　　　　　副　詞

訳：一度も時間を測ったわけではないが、私が歩いて駅から図書館まで行くのに、およそ30分かかる。

「駅から図書館まで私が歩くのに、〜30分かかる」と意味を読み取り、**approximately**「およそ」を入れると意味が通るので、**④が正解**。①「理解して」、②「適切に」、③「賛成して」の意味。**approximately**は**about**と同じ意味になる。このように、**簡単な単語に置き換えられる副詞**を整理する。

総まとめ **POINT 46**　簡単な単語に置き換えられる副詞	
approximately「およそ」	about
frequently「頻繁に」	often
currently「現在」	now
obviously「明らかに」	clearly

9 正解：④ 　　　　　　　　　　　　　　　　　　　　　　　　　　熟　語

訳：彼は難しい問題にとてもよく対処した。

空所の後ろの**with**と④から、**cope with**「〜に対処する」を推測する。「彼は難しい問題にとてもよく**対処した**」と意味も通るので、**④が正解**。①は**charge A with B**「AをBで責める」、②は**compare A with B**「AをBと比較する」、③は**consult O**「Oに相談する」と使うことをおさえておく。

10 正解：② 　　　　　　　　　　　　　　　　　　　　　　　　　　熟　語

訳：私は知らない街を歩いていると、たいてい道に迷う。それは避けられないように思われる。

2文目に「それは避けられないように思われる」とあるので、頻度の多いことを表す**more often than not**「たいてい」を入れると意味が通る。よって**②が正解**。①「長い目で見ると」、③「時々、断続して」、④「これを最後に」の意味。

2

1 正解：②−⑤−①−③−④ 　　　　　　　　　　　　　　　　　　　　文　型

完成した英文：Such (prompt treatment will save you) a lot of trouble.

「そのような迅速な処置」と文頭のSuch、②、⑤から、Such **prompt treatment**まで並べる。「かなりの手間は省けるでしょう」と、③から、**save O₁ O₂**「O₁のO₂を省く」を推測して、**will save you** a lot of trouble. で完成。第4文型をとる動詞の【奪う】グループを整理する。

take $O_1 O_2$	O_1からO_2（時間）を奪う＝O_1にO_2（時間）がかかる
cost $O_1 O_2$	O_1のO_2（お金など）を奪う＝O_1にO_2（お金など）がかかる
save $O_1 O_2$	O_1のO_2を省く
deny $O_1 O_2$	O_1のO_2を否定する＝O_1にO_2を与えない

2 正解：②－⑥－⑤－④－③－① 　　　　　　　　　熟語・動詞の語法

完成した英文：Some young people are (inclined to think of morality as) a restraint.

「〜傾向にある」と空所の前のare、②、⑥から、**be inclined to do**「〜する傾向にある」を推測して、Some young people are **inclined to think** まで並べる。「道徳を束縛と考える」と⑤、④、①から、**think of A as B**「AをBとみなす」を推測して、**think of morality as** a restraint. と続けて完成。**SV A as Bの型**をとり、「**AをBとみなす**」の意味になる動詞をまとめる。

総まとめ **POINT** **48** SV A as Bの型をとり、「**AをBとみなす**」の意味になる動詞

think of A as B ／ look upon[on] A as B ／ regard A as B ／ see A as B
view A as B

3 正解：①－③ ／ ④－②－⑥－⑤ 　　　　　　　　　接続詞・比較

完成した英文：We human beings (are neither) superior (nor inferior to other) animals in terms of almost every capacity.

訳：私たち人間は、ほぼすべての能力において、他の動物より優れているわけでも、劣っているわけでもない。

③、④から、**neither A nor B**「AもBも〜ない」を予測する。superiorと②が同等の表現になるのでAとBに置いて、We human beings **are neither** superior **nor inferior to** と並べる。残った **other** を最後に置いてanimalsとつなげると、意味も通るので完成。

4 正解：③－①－⑥－⑧－②－④－⑤－⑦ 　　　　　　　不定詞・比較

完成した英文：The comedian (has a tendency to be more ridiculous than) funny.

「〜傾向がある」と③、①、⑥、⑧から、**have a tendency to do**「〜する傾向がある」を推測して、The comedian **has a tendency to be** まで並べる。「こっけいに見せるよりは馬鹿げて見せる」と④、⑦から、**more B than A**「AというよりむしろB」を推測して、**more ridiculous than** funny. で完成。「〜する傾向にある」の表現をまとめる。

tend to do ／ have a tendency to do ／ be inclined to do ／ be apt to do

5 正解：⑥－⑦－⑧－⑤－②－③－④－① 　　　　　　　　関係詞・熟語

完成した英文：(As is often the case with poetic language), one word can mean two or more things at the same time.

「詩的言語によくあることなのだが」と、⑥、⑦、⑧、⑤、②、③から、**as is often the case with**「～にはよくあることだが」を推測して、**As is often the case with poetic language**と並べて完成。

③

1 正解：③ ⇒ in spite 　　　　　　　　　　　　　　　　　　　　　　熟 語

訳：そのすべての不便さにもかかわらず、人が田舎に引っ越すのには、たくさんの十分な理由がある。

③の**despite**は前置詞で、後ろに直接名詞を目的語に置くので、of ～と続けることができない。同じ意味で**in spite of**「～にもかかわらず」があるので、**③を in spite**にするのが正しい形。①は主語が a number of good reasons で複数名詞なので、are で受けて問題ない。②「田舎」、④「すべての」で問題のない表現。

2 正解：② ⇒ fall back on 　　　　　　　　　　　　　　　　　　　　熟 語

訳：問題にぶつかったときに備えて頼れる貯金がある程度必要だ。

②は **fall back on** で「～に頼る」なので、**②を fall back on にする**のが正しい形。「問題にぶつかったときに備えて**頼れる**貯金が必要だ」と意味も通る。①は「ある程度の貯金」の意味で、**saving** は「貯金」の意味では複数形で使う。③「～場合に備えて」、④「問題にぶつかる」の意味。

3 正解：③ ⇒ Store 　　　　　　　　　　　　　　　　　　　　　　　品 詞

訳：新鮮なコーヒーの香りを十分に楽しむために、豆を空気の密閉した容器に移して、湿気が入らないようにしなさい。室温の暗所もしくは冷凍庫にその容器を貯蔵しなさい。

③ **Storage**「貯蔵」は名詞なので、後ろに the container のような名詞を続けることはできない。動詞に換えると後ろに the container と目的語を続けられるので、**③を Store にする**のが正しい形。①は transfer A to B「AをBに移送する」の to、②は不定詞の副詞的用法で「締め出すために」、④は度合いなどを表す at で問題のない表現。

4 正解：③ ⇒ it was 　　　　　　　　　　　　　　　　　　　

訳：ケンはタクシーに乗り込んで、運転手に静岡駅から大学までどれくらいの距離があるかを尋ねた。

　②の how far が**間接疑問文**を作っていると推測して、後ろは倒置させずに通常の語順にするので、**③を it was にする**のが正しい形。①「〜に乗り込んだ」、②「どれくらいの距離」、④は from A to B「A から B まで」の from。

5 正解：④ ⇒ satisfy my curiosity 　　　　　　　　　　　　

訳：新しい国に旅をするときはいつでも、その土地の食事だけを食べることにしている。これは食を通じて文化について学ぶ方法だ。私にとって、食は身体に栄養を補給する方法であるだけではなく、私の好奇心を満たす方法でもある。

　④は、satisfy が第4文型や第5文型をとることができないので、me を所有格の my に換えて curiosity を修飾する形にする必要がある。「私の好奇心を満たす」と意味も通るので、**④を satisfy my curiosity にする**のが正しい形。①「私が旅行するときはいつでも」、②「〜することにしている」、③は not only A but also B「A だけではなく B も」の not only と、a way to do「〜する方法」の a way で問題のない表現。

DAY 11

1

1 正解：②　　　　　　　　　　　　　　　　　　　　　接続詞

訳：科学者は、政府にその新薬を売らないように警告したけれど、それはベストセラーになった。

　空所の後ろに scientists warned、it became と **SV が 2 つある**ので、**接続詞の②Although** が正解。①は前置詞なので、後ろに SV が続く本問では使えない。③、④は副詞なので、文構造を 2 つつなぐ本問の空所には入らない。

2 正解：②　　　　　　　　　　　　　　　　　　　　　前置詞

訳：そのキャンパスは、台風のせいで 9 月 4 日の月曜は閉鎖されるだろう。

　空所の後ろの Monday「月曜日」、September 4 から、**曜日や具体的な日付には on を使う**ので、②が正解。曜日や日付に「**基づいて**」行動するので、**根拠の on** を使うと覚える。①は月や年、③は時刻に使って、④は「夏休みの間」のように、特定の期間に使う。**根拠の on** を使った表現は頻出なので、おさえておく。

総まとめ POINT 50　根拠の on

表現やその意味	覚え方
曜日や日付の on	曜日・日付に「基づいて」行動する
be based on「〜に基づいている」	「〜に基づいている」
on purpose「故意に」	「目的に基づいて」＝「故意に」

3 正解：②　　　　　　　　　　　　　　　　　動詞の語彙・受動態

訳：これらの空のペットボトルは再利用されて、利用できる素材に作り変えられる。

　空所の後ろの into と、②から **transform A into B**「A を B に変形する」の受動態である **be transformed into**「〜に作り変えられる」を予測する。「これらの空のペットボトルは再利用されて、利用できる素材**に作り変えられる**」と意味が通るので、②が正解。①は be replaced by「〜に取って代わられる」、③は be removed from「〜から取り除かれる」、④は be transmitted to「〜に伝えられる」で使う。

4 正解：③　　　　　　　　　　　　　　　　　　　助動詞・省略

訳：グレースは良い作家になった。彼女は以前よりずっと上手に書く。

　前文が「良い作家になった」という意味なので「以前よりずっと上手に書く」と文脈を読んで、**used to do**「以前よく〜した」の do が省略されている③が正解。この

文ではdoはwriteで、文の動詞としてすでに使っているので、後ろでは省略可能。

5 正解：④　　　　　　　　　　　　　　　　　　　　　　　　時　制

訳：この新聞は、20世紀初期におよそ10年間発行されていた。

　in the early 20th centuryから、**過去形の④が正解**。①の現在完了は具体的な過去の時点を表す語句とともに使えない。②を入れると文の動詞がなくなるので使えない。過去の内容なので、③の現在進行形は使えない。

6 正解：③　　　　　　　　　　　　　　　　　　　　　　　　形容詞

訳：第二次世界大戦後、公衆衛生の急速な改善のおかげで、伝染病の患者の数が急落した。

　空所の位置と選択肢から、disease「病気」を修飾する形容詞を選ぶ問題と判断する。空所の後ろから、「**公衆衛生の急速な改善で劇的に患者数が減った病気**」なので、**infectious**「伝染する」を使った「伝染病」を推測して、**③が正解**。①「永久の」、②「避けられない」、④「(重量などが) 重い」の意味で、いずれも意味が通らない。なお、「(病気などが) 重い」はseriousやsevereなどで表す。

7 正解：①　　　　　　　　　　　　　　　　　　　　　動詞の語法・語彙

訳：彼は私に、家にいることがトラブルを避ける唯一の方法だと納得させようとした。

　空所の後ろのme that ～から、SVO that ～.の型をとる動詞を探す。①から**convince O that**「Oに～を納得させる」を推測する。「彼は私に、家にいることがトラブルを避ける唯一の方法だと**納得させようと**した」と意味が通るので、**①が正解**。②、③、④はいずれもSV to O that ～.の型をとることをおさえておく。

8 正解：③　　　　　　　　　　　　　　　　　　　　　　動詞の語彙

訳：私は電話で友人と話しているときに真実を言いにくいと思ったので、話をでっちあげなければならなかった。

　soの前後で因果関係を作れるので、「私は真実を言いにくいと思った」という原因から「話を**でっちあげ**なければならなかった」という結果を推測して、③ **invent**「(話を) **でっちあげる**」が正解。①「結び付ける」、②「探知する」、④「ふりをする」の意味。

9 正解：③　　　　　　　　　　　　　　　　　　　　　　　　分　詞

訳：私の同僚は、私が12年勤めた会社を辞めたいと思っていることを聞いて、失望していた。

　disappoint「失望させる」は感情動詞で、感情を抱く主体が主語の場合は受動態で使うので、**③が正解**。①、②、④はいずれもdisappointの目的語が必要。**感情動詞**を整理するので、おさえておく。

「ショック・驚き」系	shock「ショックを与える」／ surprise「驚かせる」 embarrass「困惑させる」
「喜び・わくわく」系	please「喜ばせる」／ excite「わくわくさせる」
「興味」系 ⇔「退屈」系	interest「興味を持たせる」⇔ bore「退屈させる」
「満足」系 ⇔「失望」系	satisfy「満足させる」⇔ disappoint「失望させる」

10 正解：④　　　　　　　　　　　　　　　　　　　　　熟　語

訳：彼女は今週末のテニストーナメントのスケジュールを注意深く調べた。

　空所の前後の「スケジュールを注意深く〜」から、**go over**「〜を調べる」を使った④が正解。①「やって来た」、②「克服した」、③「外泊する」の意味。

2

1 正解：⑤−⑥−①−④−③−②　　　　　　　　　　　　関係詞・熟語

完成した英文：There are times (when you have to rely on) others to get things done.

　「ほかの人に頼らなければならないとき」と空所の前の times、⑤から**関係副詞**の**when**を予測する。①、④、③から**have to do**「〜しなければならない」を、③、②から**rely on**「〜に頼る」を予測して、There are times **when you have to rely on** others to get things done. で完成。

2 正解：①−④−③−②−⑤　　　　　　　　　　　　　　名詞の語彙

完成した英文：There is no (room for further improvement in) this system.

訳：このシステムには、さらなる改善の余地がない。

　①、④、②から**room for improvement**「改善の余地」を推測する。空所の後ろの this system に⑤がつながると推測して**in** this system と並べる。余った③を improvement の前に置くと、There is no **room for further improvement in** this system.「このシステムには、**さらなる改善の余地**はない」と意味が通るので、これで完成。

3 正解：②−③−⑦−① ／ ⑤−⑧−⑥−④　　　　　　　仮定法

完成した英文：(But for Rebecca's advice), (Keith would not have) succeeded.

　「レベッカのアドバイスがなければ」と②、③から、**but for**「〜がなければ」を推測して、**But for Rebecca's advice** まで並べる。「キースは成功しなかっただろう」を参考にして仮定法過去完了を推測し、**Keith would not have** succeeded. で完成。

4 正解：⑥－②－③－⑤－①　　　　　　　　　　　　　　動名詞

完成した英文：(There is no point continuing) such a fruitless argument.

⑥、②、③、⑤から、**There is no point doing ~.**「〜しても無駄だ」を推測して、**There is no point continuing** such a fruitless argument. で完成。point は、sense、use としても、ほぼ同じ意味になる。④が不要語。**動名詞の重要表現**を紹介するので、おさえておく。

> **総まとめ POINT 52** ／ 動名詞の重要表現
>
> | **There is no doing.**「〜できない」／ **It is no use doing.**「〜しても無駄だ」 |
> | --- |
> | **There is no use [point、sense] (in) doing.**「〜しても意味がない」 |
> | **It goes without saying that ~.**「〜は言うまでもない」 |
> | **when it comes to doing ~,**「〜することになると」 |
> | **be worth doing**「〜する価値がある」／ **feel like doing**「〜したい気がする」 |

5 正解：①－⑥－④－⑦－⑧－⑤－③－②　　　　　　　　熟語・不定詞

完成した英文：We are too (busy peering into smartphones to make eye contact) with each other.

空所の前の too と⑧から、**too ~ to ...**「〜すぎて…できない」を推測する。〜には形容詞や副詞、…には動詞の原形が入るので、We are **too busy to** まで並べる。「お互い目を合わすこともしません」と⑤、③、②から、**make eye contact**「目を合わせる」を推測して、**~ make eye contact** with each other. まで並べる。「スマートフォンをのぞきこんでばかりで」と①、⑥、④から、**be busy doing**「〜するのに忙しい」を推測して、We are too **busy peering into smartphones to make eye contact** with each other. で完成。

3

1 正解：② ⇒ accept　　　　　　　　　　　　　　　　　動詞の語彙

訳：その業務委託の代理店は、その会社が条件なしで労働者のすべてを受け入れるとは考えていない。

②の except「〜を除いて」は主に前置詞で使う。動詞では「除外する」という意味だが、本問では「その会社が労働者のすべてを除外する」という意味になり、文の意味が通らない。スペリングが似ている accept「受け入れる」にすると、「その業務委託の代理店は、その会社が条件なしで労働者のすべてを**受け入れる**とは考えていない」と意味も通るので、②を **accept** にするのが正しい形。①「〜するだろう」、③「〜なしで」、④「条件」の意味で問題ない。

2 正解：③ ⇒ arrive at[reach]　　　　　　　　　　`時制・動詞の語法`

訳：最終目的地に着いて、滞在場所ができたら、私に知らせてください。

　whenは**時の副詞節**を作り、「最終目的地に着く」のはこれから先の話だが、**現在時制で表す**。また、arriveは**自動詞のため**「～に着く」を表すには**at**などの**前置詞が必要になる**ので、③を **arrive at** にするのが正しい形。なお、arriveの代わりに他動詞のreachを使えば前置詞は不要。①はlet me do「私に～させる」のdoにknowが入った形。②「～とき」、④はplaceの後ろに続ける不定詞は前置詞の省略が可能なので、place to live「生活場所」やplace to stay「居場所」のような形で使うのが正しい表現になる。

3 正解：② ⇒ for　　　　　　　　　　　　　　　　　　　　`前置詞`

訳：タケトは、高校の英語クラブのメンバーになってわずか6か月だが、彼の英語レベルは著しく改善した。彼は本当に多大な努力をしたにちがいない。

　sinceは「～以来」の意味なので、本問のようにonly six monthsのような期間を後ろに置くことができない。only six monthsのような期間には**for**を使うので、②を **for** にするのが正しい形。①「～の一員」、③「著しく改善した」、④は must have p.p. 「～したにちがいない」のp.p.に、make a great effort「多大な努力をする」のmakeが使われている表現。

4 正解：① ⇒ such　　　　　　　　　　　　　　　`接続詞・形容詞・副詞`

訳：その映画はとても大ヒットしたので、まさに最初の週の売り上げ記録を破った。

　soは副詞で後ろに形容詞や副詞を伴い、本問のようにa big hitという名詞のカタマリを続けることができない。**such**は形容詞で後ろに名詞を置くので、①を **such** にするのが正しい形。後ろのthatと結び付いて、such ~ that ...「とても～なので…」の表現になる。②は「（記録を）破った」、③は期間のin、④は形容詞のveryで「まさにその」の意味。

5 正解：④ ⇒ couldn't have written　　　　　　　　　　　`仮定法`

訳：古代の中国人は、多くの発明で有名だった。彼らの発明は、世界全体に影響を与えてきた。紙はおそらく彼らの最も偉大な発明の1つだろう。紙がなかったら、古代人は未来に残る記録を書けなかっただろう。

　文脈から、④のcan't have written「書いたはずがない」がおかしい。Without paperは「紙がなかったら」という仮定法のif節の代用と解釈できるので、主節の動詞にあたる④を仮定法の表現にする。文脈から過去の内容になるので、仮定法過去完了と判断して④を **couldn't have written** にするのが正しい形。「紙がなかったら、古代人は未来に残る記録を書けなかっただろう」と意味も通る。①はbe famous for「～で有名だ」のfamous for、②は「～に影響を与えてきた」、③は「彼らの最も偉大な発明の1つ」で問題のない表現。

DAY 12

1

1 正解：① 　　　　　　　　　　　　　　　　　　　　　　　　　接続詞

訳：貧しいけれども、彼は幸せだ。

　空所の前後の Poor、he is と①から、形容詞 **as S (may) be**「S は 形容詞 だけれども」と譲歩の **as** を推測する。「貧しい**けれども**、彼は幸せだ」と意味が通るので、①**が正解**。②「～するとき」、③「～だから」、④「しかし」の意味。

2 正解：③ 　　　　　　　　　　　　　　　　　　　　　　　　名詞の語彙

訳：その新しい治療法の結果は、勇気を与えるものだ。

　空所の前後の「その新しい治療法の～は勇気を与えるものだ」から、**outcomes**「結果」を入れると意味が通るので、③**が正解**。①「譲歩」、②「炎」、④「破壊」の意味。

3 正解：① 　　　　　　　　　　　　　　　　　　　　　　　　　比　較

訳：このドラマは、すべての中で圧倒的にいちばん面白い。

　空所の後ろに the most interesting と最上級があることを確認する。空所の後ろの far と①で、**by far**「圧倒的に」と最上級を強調する表現を推測して、①**が正解**。②、③、④は原級を強調する表現。

4 正解：③ 　　　　　　　　　　　　　　　　　　　　　　　　　熟　語

訳：私は最近 20 年ぶりに故郷に戻った。

　空所の前後の for the first time、twenty years から、**for the first time in ~ years**「～年間で初めて」＝「～年ぶりに」を推測する。「私は最近 20 年ぶりに故郷に戻った」と意味も通るので、③**が正解**。

5 正解：① 　　　　　　　　　　　　　　　　　　　　　　　　　形容詞

訳：その自動車メーカーは、膨大なお金を新型の電気自動車の開発に費やした。

　空所の後ろの amounts of money が「金額」の意味なので、それを修飾するのにふさわしい単語を選ぶ。**enormous**「非常に大きい、莫大な」を入れると唯一意味が通るので、①**が正解**。②「絶滅の危機に瀕した」、③「啓発する」、④「進化した」の意味。

6 正解：②　　　　　　　　　　　　　　　　　　　　　　　熟　語

訳：彼は来週始まるヨガのクラスに登録した。

　空所の後ろのup forと②から、**sign up for**「〜に登録する」を推測する。「彼は来週始まるヨガのクラスに**登録した**」で意味が通るので、②**が正解**。①はsit up forで「〜を寝ずに待つ」、③はspeak up forで「〜を支持して意見を述べる」、④はstand up forで「〜に味方をする」の意味。

7 正解：④　　　　　　　　　　　　　　　　　　　動詞の語法・受動態

訳：私は、メアリーが同僚に将来のリーダーとみなされていると思う。

　空所の前後のis、upon asと④から、**look upon A as B**「AをBとみなす」の受動態である**be looked upon as**「〜とみなされる」を推測する。「私は、メアリーが同僚に将来のリーダーと**みなされている**と思う」と意味が通るので、④**が正解**。

8 正解：①　　　　　　　　　　　　　　　　　　　　　　　時　制

訳：よさこいクラブのメンバーは、明日の午後3時に集まる予定だ。

　空所の後ろのtomorrowから、未来を表す表現を探す。現在進行形は「その準備を始めている」という視点から、近い未来のことを表せるので、①、③に正解の候補を絞る。主語はThe membersで複数形なので、①**が正解**。meetの自動詞「集まる」の意味もおさえておく。

9 正解：③　　　　　　　　　　　　　　　　　　　　　　　仮定法

訳：もし百万長者になったら、あなたは何を買いますか？

　空所の後ろのwouldから仮定法を予測して、②、③に正解の候補を絞る。②は仮定法過去完了になるが、（過去に）もし百万長者になっていたなら、（これから）何を買うか」という文は不自然なので、**were to do**をif節に使った③**が正解**。**If S were to do, 〜.**は**これから先の仮定**を表して、「仮にSが〜するなら」という意味の表現。

10 正解：④　　　　　　　　　　　　　　　　　　　　　　比較・熟語

訳：母親を心配させるよりむしろ、その少女は家に着くとすぐに、宿題を行った。

　空所が含まれている前半と主節が、「彼女の母親を心配させる」と「その少女は宿題をした」で**対比関係**を作っているのがわかるので、④の**Rather**を使った**Rather than**「〜よりむしろ」が正解。①「より良く」、②「より多く」、③「ほかの」の意味。

2

1 正解：⑤－③－⑥－④－②－① 助動詞・熟語

完成した英文：You had (better not take such a pessimistic) view of your future.

「〜に見ないほうがいいよ」と空所の前のhad、⑤、③から、**had better not**「〜しないほうがよい」を推測して、You had **better not**まで並べる。「そんなに悲観的に見ない」と空所の後ろのviewから、**take such a pessimistic** view of your future. で完成。take a 〜 view「〜の見方をする」にpessimistic「悲観的な」が組み合わさった表現。

2 正解：②－⑤－④－⑥－①－③ 不定詞・熟語・分詞

完成した英文：It can (be difficult to make yourself heard) in such a crowded place.

「自分の声を人に聞いてもらう」と、⑥、①、③から、**make oneself heard**「自分の声を届かせる」を推測して、**make yourself heard**と並べる。「〜のが難しくなることがある」と文頭のItから、形式主語の構文とみなして、It can **be difficult to make yourself heard** in such a crowded place. で完成。

3 正解：③－⑨－④－②－⑥－⑦－⑤－①－⑧ 文型・不定詞・熟語

完成した英文：(Do you find Charles hard to get along with)?

「気難しい人」を「仲良くするのが難しい人」と読み換える。⑥、⑦、⑤、①、⑧から、不定詞の副詞的用法 形容詞修飾の**hard to do**「〜するのが難しい」と、**get along with**「〜と仲良くやる」を推測して、**hard to get along with**と並べる。「チャールズって気難しい人じゃない？」を、④、②、⑥から**find O C**「OをCと思う」を推測して、「あなたはチャールズを気難しい人だと思う？」と読み換えて、**Do you find Charles hard to get along with**? で完成。**get**を使った熟語の中でも頻出表現を紹介する。

総まとめ POINT 53 getを使った頻出表現

熟語と意味	覚え方
get along with「〜と仲良くやる」	「〜と沿って移動する」
get in touch with「〜と連絡をとる」	「〜と接触状態になる」
get over「克服する」	「〜を越えて移動する」
get away「逃げる」	「〜から離れて移動する」

4 正解：④−⑧−⑤−①−⑥−②−③−⑦　　　　　　熟語・接続詞

完成した英文：The critic says (it will not be long before everyone recognizes) her artwork.

「まもなく〜だろう」と、④、⑧、⑤、①、⑥、②から、**It will not be long before ～**.「まもなく〜だろう」を推測して、The critic says **it will not be long before** まで並べる。「皆が彼女の芸術作品を認める」から、**everyone recognizes** her artworkで完成。

5　正解：②−⑤−③−④ ／ ⑦−①−⑥　　　　　仮定法・不定詞

完成した英文：(Should you require anything else), (feel free to) call us at any time.

訳：他に何か必要なら、いつでも自由に電話してください。

⑦、①、⑥から、**feel free to do**「自由に〜する」を推測する。doには空所の後ろのcallがふさわしいと予測して、**feel free to** call us at any time.と並べる。残った選択肢で、you should require anything else「あなたが他に何かを必要とする」という文が完成するが、feel free to ～の文とこの文をつなぐには、接続詞が必要になる。よって、if節の倒置を推測して、If you should require anything elseを倒置させた**Should you require anything else, feel free to** call us at any time.で完成。

3

1　正解：① ⇒ increasing[increase in]　　　　　　　分　詞

訳：過去十年の増加する交通量と人口の急速な変化が、都市の環境に重大なストレスを与えてきた。

①は動詞か名詞なので、Theとtrafficの間には置けない。名詞を修飾するには分詞にすればよいので、**①をincreasingにする**のが正しい形。The increasing trafficで「増加する交通量」となる。andの並列を考えて、The **increase in** traffic and rapid **shifts in** population「交通量の増加と人口の急速な変化」としてもよい。②「〜の変化」、③、④は現在完了でput a significant stress on「〜に重大なストレスを与える」の表現で問題ない。

2　正解：③ ⇒ Neither　　　　　　　　　　　　　倒置・否定

訳：私の熱狂的な芝居好きの友人は、昨晩の俳優たちの演技に感動していなかった。私も感動しなかった。

1つ目の文がwas notの否定文で、それを受けて「私も〜ない」とするには、**Neither VS.** とするので、**③をNeitherにする**のが正しい形。①はbe not impressed by「〜に感動しない」のimpressed by。②「俳優の」で問題のない表現。

④は1つ目の文のwas not impressedを受けて主語のIに対応させたwasで問題の
ない表現。

3　正解：① ⇒ lived　　　　　　　　　　　　　　　　　　　　時　制

訳：サオリは子どもの頃に海外で生活していた。そこにいたとき、彼女は親友の1人に
　　なるメーガンと出会った。彼女たちはそれ以来、お互いのことを知っている。

　①は、when she was a child「彼女が子どもだった頃」から、過去時制になるの
で、①を過去形のlivedにするのが正しい形。②「そこにいる間」で、Whileの後ろ
にshe wasが省略されている表現。③は継続を表す現在完了、④は「それ以来ずっと」
で問題のない表現。

4　正解：④ ⇒ stay healthy　　　　　　　　　　　　　　　文型・形容詞

訳：私たちは健康でいるために、もっと野菜を食べなければならないとよく言われる。

　stayの第2文型はstay C「Cのままでいる」で、Cには形容詞が入るので、④を
stay healthyにするのが正しい形。①はIt is often said that ~.「～とよく言われる」
のoften said、②「食べなければならない」、③「野菜」でvegetableは可算名詞なの
で複数形にしても問題ない。

5　正解：④ ⇒ where[in which]　　　　　　　　　　　　　　　関係詞

訳：ジェファーソンさんは高齢のお金持ちの未亡人で、80歳になった。彼女は、冬の間
　　はそれほど寒くないイタリア南部の海の近くの高級でとても快適なホテルに行き、暮ら
　　していた。

　関係代名詞のwhichは後ろが不完全文のときに使うが、④の後ろはit was not
too cold in winterで完全文になっている。先行詞がthe south of Italyで場所を表
すので、④を**where**か**in which**にするのが正しい形。①は先行詞がMrs.
Jeffersonで人なのでwhoで正しい。②は「～の年齢」、③は「～の南部の」で問題
のない表現。

1

1 正解：①

訳：私たちが滞在したホテルの部屋は眺めがとても素敵だったので、ここに再び来たいと思っている。

　a nice viewをsoやsuchで修飾する場合、soは副詞なので形容詞を直後に持ってきて**so nice a view**とする。suchは形容詞なので名詞のカタマリを後ろに持ってきて**such a nice view**とする。よって、①が正解。

2 正解：③

訳：その首相はスピーチで、教育の決定的に重要な役割について話した。

　crucialの意味は「決定的に重要な」で、**important**を強めた単語なので、③が正解。①「変化する」、②「同時代の」、④「現代の」という意味。**「重要な」**を表す表現をまとめるので、おさえておく。右に行くほど重要さが強調される表現になる。

> **総まとめ POINT 54** 「重要な」を意味する単語
>
> **important** → **significant**「重要な」→ **crucial**「決定的に重要な」
> → **vital**「極めて重要な」

3 正解：②

訳：申し込み書は、正午までに配達業者に手渡されなければならない。

　「申し込み書は、正午までに配達業者に手渡されなければならない」と文脈を読んで、② **before**「〜より前に」が正解。①は曜日や具体的な日付に使う。③「〜以来」、④「現在」の意味。

4 正解：①

訳：私たちは、様々な地元の料理を提供します。テーブルに来て自由に食べてください。

　空所の後ろのyourselvesと①から、**help oneself (to)**「(〜を) 自由に取って食べる」というセルフサービスの表現を推測する。「私たちは、様々な地元の料理を提供します。テーブルに来て**自由に食べてください**」と意味も通るので、①が正解。②「与える」、③「手渡す」、④「保つ」の意味。

5 正解：④

訳：私は数学の宿題を半分終えているから、明後日それを提出するつもりだ。

　「数学の宿題を**半分終えている**から、明後日提出するつもりだ」と文脈を読む。④には【完了】の意味があるので、**halfway through**とすると「半分終えて」になるので、④が正解。①「〜を横切って」、②「〜の上に」の意味。③も「終わって」の意味があるが、be動詞の後ろなどで副詞として使い、本問のように前置詞ではこの意味にならない。

6 正解：④

訳：私が昨年買ったバイクは、左に傾くクセがあったので、決して理想的ではなかった。

　becauseの前後で因果関係が作られることを確認する。「バイクは左に傾くクセがある」から、空所の後ろのidealと合わさって、「**決して理想的ではなかった**」と推測できる。**far from**「〜からほど遠い」＝「決して〜ない」が当てはまるので、④が正解。①「〜と同じくらい」、②「不思議ではない」、③「どんなことをしても」の意味。**not を使わない否定表現**をまとめる。

総まとめ **POINT 55**	not を使わない否定表現	

否定表現	覚え方	意味
remain to be p.p.	〜されるべきものとして残っている	まだ〜していない
far from	〜からほど遠い	決して〜ない
by no means	どんな手段でも〜できない	決して〜ない
anything but	〜以外何でもよい	

7 正解：②

訳：その状況は手に負えなくなりつつある。

　空所の前の out of と選択肢を合わせると、① out of breath「息を切らして」、② **out of control**「手に負えない」、③ out of print「絶版になって」、④ out of shape「不調で」の意味になる。主語がThe situationで、「手に負えない」の意味が通るので、②が正解。

8 正解：②

訳：私は先月以来その宿題に取り組んでいるけれども、まだ終わっていない。

　since last monthから、「先月からずっとその宿題に取り組んでいる」と意味を推測して、過去が現在に影響を与える現在完了の①、②に正解の候補を絞る。「私は取り組む」と能動の関係であり、動詞workは動作動詞で進行形にできるので、現在

完了進行形の②が正解。

9 正解：④ 関係詞・代名詞

訳：ジョーには2人兄弟がいて、どちらもプロ野球選手だ。

allもbothも「すべて」を表すが、allは3人［3つ］以上、bothは2人［2つ］について使う。本問の先行詞はtwo brothersなので、③、④に正解の候補を絞る。**前置詞ofの後ろにくる代名詞は目的格になる**ので、**④が正解**。

10 正解：④ 否定

訳：その社長の秘書は、今日はここに来ないだろう。実は、彼女はこれらの種類の会議にはめったに出席しない。

前文の「社長の秘書は今日ここに来ない」から、「この種の会議には出席しない」と否定の意味を読み取って、④ **rarely「めったに〜ない」が正解**。①「頻繁に」、②「よく」、③「かつて」の意味。

2

1 正解：①－③－⑤－④－②－⑥ 不定詞・文型・分詞

完成した英文：**I have a terrible toothache, so I need to make an appointment** (to get my decayed tooth treated by the dentist).

「歯医者に虫歯を治療してもらうために」と①、③、⑤、④から、**不定詞の副詞的用法**と、**get O C**「OをCにする」を推測して、**to get my decayed tooth treated by the dentist**. と並べて完成。

2 正解：⑥－②－①－④－⑤－③ 文型・不定詞

完成した英文：**I** (will give you a call later to advise you when to) **come.**

「あとで電話する」と⑥、②、①から、**give O a call**「Oに電話する」を推測して、**I will give you a call later to**まで並べる。「いつ来たら良いかについて助言するために」と⑤、③とcomeから、**advise O_1 O_2**「O_1にO_2を助言する」、**when to do**「いつ〜すべきか」を予測して、**advise you when to** come. をlater toの後に続けて完成。 疑問詞 **to do**の表現をまとめる。whetherは厳密には疑問詞ではなくて接続詞だが、同じようにto doを続ける表現なので、おさえておく。

総まとめ POINT 56 疑問詞 to do

what to do「何を〜すべきか」／ how to do「〜する方法」
when to do「いつ〜すべきか」／ which to do「どちらを〜すべきか」
where to do「どこで〜すべきか」／ **whether to do**「〜すべきかどうか」

DAY 1 2 3 4 5 6 7 8 9 10 11 12 13 14 15 16 17 18 19 20

3　正解：①-⑦-④-⑤／⑥-③-②　分詞構文・受動態

完成した英文：(Given the uncertainty of the global economy), **the investor (was not left) with many options.**

訳：世界経済の不確実性を考慮すると、その投資家には、多くの選択肢は残されていなかった。

　①を **given**「～を考慮すると」で使うと推測して、目的語に当たる名詞を探す。⑤、⑦があるが、これに④を組み合わせると the uncertainty of the global economy「世界経済の不確実性」という意味のある名詞のカタマリが作れるので、**Given the uncertainty of the global economy** まで並べる。the investor に対応する動詞は、⑥、②と空所の後の with から、**leave A with B**「AにBを残す」の受動態である **be left with**「～を残される」を予測して、the investor **was not left** with many options. で完成。

4　正解：②-⑥-③-①-⑧-④-⑤-⑦　動名詞・準動詞

完成した英文：　When I got out of the subway station, (I regretted not having brought an umbrella with) me.

　「私は～を後悔した」と②、⑥から、**I regretted** まで並べる。「傘を持ってこなかったこと」と③、①、⑧から本動詞と時制がずれる**完了動名詞**と、**動名詞の否定形**を推測して、**I regretted not having brought an umbrella with** me. で完成。

5　正解：⑥-⑦-②-①-④-③　否定・分詞

完成した英文：I found (there was hardly any money left) in my wallet.

　「財布にほとんどお金が残っていない」と⑥、⑦から、**there be S left**「Sが残っている」を推測する。⑤の no を使うと「何も残っていない」になるので、②、①から **hardly any**「ほとんど～ない」を使って、**there was hardly any money left** in my wallet. で完成。⑤が不要語。

3

1　正解：② ⇒ an honest　冠　詞

訳：私は誠実な人のように見える自分の上司のことを信じたいが、経験が私に疑問を抱かせる。

　honest の語頭の発音は母音の [α] なので、冠詞は a ではなく an を使い、②**を an honest** にするのが正しい形。①は関係代名詞で先行詞が my boss で問題ない。③は make O C の make で、experience が主語なので makes で問題ない。④は「疑わしい」の意味。

2　正解：④ ⇒ confused　　　　　　　　　　　　　　分 詞

訳：マーガレットのスピーチの矛盾から判断すると、彼女の心はとても混乱しているにちがいない。

　④のconfusingは対応する主語がher mind「彼女の心」なので、「混乱させられる」と受動の関係になる。そこで、**過去分詞のconfusedにする**のが正しい形。① judging byは「〜によって判断する」という分詞構文の慣用表現。judging from「〜から判断すると」とセットでおさえておく。②はin（マイナス）＋coherence「首尾一貫」＝incoherence「矛盾」の意味。③は「〜であるにちがいない」で問題のない表現。

3　正解：① ⇒ informing me of　　　　　　　　　動詞の語法

訳：後で、私に時間があるときに旅行の写真をあなたに送れるように、メールアドレスを教えてくれますか？

　informは、**inform A of B**「AにBを知らせる」と使うので、①**を informing me of**にするのが正しい形。② so that S 助動詞 「Sが〜するように」のso that、③「〜するとき」、④は「自由な時間」で問題のない表現。

4　正解：③ ⇒ arrive　　　　　　　　　　　　　　時 制

訳：家に着いたらすぐに、あなたにメールを送ります。

　「家に着いたらすぐに、あなたにメールを送ります」と文脈を読んで、③**は時と条件の副詞節の中なので、現在時制のarriveにする**のが正しい形。① send O_1 O_2「O_1にO_2を送る」のsend、②は、emailは可算名詞でも用いられるのでanを付けて問題ない。④はarrive at「〜に着く」のat。

5　正解：① ⇒ Spending all day sitting　　　　　　動名詞

訳：コンピューターの前で一日中座っていると、あなたの姿勢に深刻な影響を与える可能性がある。それはさらに、他の問題を引き起こす可能性がある。あなたの健康という観点では、何時間も座っていることで、心臓病のリスクを高めてしまう。

　①のSpendは動詞の原形のままでは、後ろのcan haveの説明がつかない。Spendingと動名詞にすれば、computerまでが主語のカタマリで「コンピューターの前で一日中座っていること」となり、can haveが動詞として自然につながるので、①**を Spending all day sitting**にするのが正しい形。②はhave a serious impact on「〜に深刻な影響を与える」のimpact on、③は「あなたの健康という観点で」、④は「リスクを高める」で問題のない表現。

DAY 14

1

1 正解：③　　　　　　　　　　　　　　　　　　　　　　　　　　　　　`熟 語`

訳：留学させてもらえるように、父にくり返し頼んだ後に、彼はとうとう折れて、私に留学させてくれた。

　空所の前の gone と③から、**give in**「〜に屈する（折れる）」を推測する。「私が留学させてもらえるように、父にくり返し頼んだ後に、彼はとうとう**折れて**、私に留学させてくれた」と意味も通るので③**が正解**。目的語を続けると **give in to**「〜に屈する」となることもおさえておく。④は give out「（力が）尽きる」の意味だが、ここでは文意が通らない。

2 正解：②　　　　　　　　　　　　　　　　　　　　　　　　　　　　　`熟 語`

訳：私は、以前は他人に支援を頼らないようにしていた。

　rely on「〜に頼る」と同義なのは、**count on**「〜に頼る」なので②**が正解**。① check on「〜を確認する」、③ focus on「〜に集中する」、④ spy on「〜をスパイする」の意味。

3 正解：③　　　　　　　　　　　　　　　　　　　　　　　　　　　　`挿入・否定`

訳：残されたスープは、あるにしてもほとんどないだろう。

　空所の前後の little、any から、**little, if any, ~**「〜があるとしてもほとんどない」を推測して、③**が正解**。似た表現の seldom, if ever, ~「あるとしてもめったに〜ない」もおさえておく。前者は量の少なさ、後者は頻度の少なさを意味する。

4 正解：②　　　　　　　　　　　　　　　　　　　　　　　　　　　　`動詞の語彙`

訳：受動喫煙を避けるため、喫煙は公共の場で禁止されている。

　prohibit は「禁止する」の意味なので、**ban**「禁止する」を使った②**が正解**。①「燃やされて」、③「つなげられて」、④「曲げられて」の意味。prohibit は prohibit O from doing「O が〜するのを妨げる」の型でよく使うので、これもおさえておく。

5 正解：④　　　　　　　　　　　　　　　　　　　　　　　　　　　　`動名詞`

訳：私の会社の状況がもう 1 年ほど悪い方向で進むなら、私は仕事を辞めることを考えるかもしれない。

　consider の後ろは動名詞をとって、**consider doing**「〜することを考慮する」と使うので、③、④に正解の候補を絞る。「状況が悪くなるなら、その仕事を辞める

ことを考えるかもしれない」と意味を読み取って、④が正解。動名詞だけを目的語に
とる動詞をまとめる。

D
A
Y

1
2
3
4
5
6
7
8
9
10
11
12
13
14
15
16
17
18
19
20

総まとめ POINT 57 / 動名詞だけを目的語［補語］にとる表現

ニュアンス	動詞
反復	**My hobby is ~.**「私の趣味は～です。」／ **enjoy**「楽しむ」 **practice**「練習する」
進行中	**consider**「考慮する」／ **imagine**「想像する」 **look forward to**「～するのを楽しみに待つ」
中断	**give up・stop・quit**「やめる」／ **finish**「終える」
逃避	**escape**「逃れる」／ **miss**「逃す」／ **avoid**「避ける」 **mind**「気にする」／ **put off**「延期する」／ **object to**「反対する」

---

6 正解：② 　　　　　　　　　　　　　　　　　　　　　　　　　　　　　　熟 語

訳：父は私を励まそうと、私の肩をポンと叩いた。

　空所の前のpatted meと選択肢から、**pat O on the shoulder**「Oの肩をポンと
叩く」を推測して、②が正解。頻出の **V** ＋ 人 ＋ 前置詞 **the** 体の部位 の熟語を紹
介する。

総まとめ POINT 58 / V ＋ 人 ＋ 前置詞 the 体の部位 の熟語

V ＋ 人 ＋ 前置詞 the 体の部位	覚え方
catch[take] A by the arm「Aの腕をつかむ」	「腕を経由してAをつかむ」ので経由の**by**
look A in the eye「Aの目をのぞく」	「目の中をのぞきこむ」ので**in**
pat A on the shoulder「Aの肩をポンと叩く」	「肩に接触する」ので**on**

---

7 正解：② 　　　　　　　　　　　　　　　　　　　　　　　　　　　　　　熟 語

訳：私たちの店の売り上げが減少していることを説明する、たくさんの要因がある。

　account forには「占める」、「説明する」の2つの意味があることを確認する。こ
こでは「私たちの店の売り上げが減少していることを**説明する**たくさんの要因があ
る」という意味なので、②が正解。①「承認する」、③「生産する」、④「勉強する」の
意味。

---

8 正解：② 　　　　　　　　　　　　　　　　　　　　　　　　　　　　　　否 定

訳：政府がその協定に署名するかは、決して明らかではない。

　「政府がその協定に署名するかは～明らかだ」に、**by no means**「決して～ない」
を入れると意味が通るので、②が正解。名詞のmeans「手段」が使われていて、「ど

んな手段でも〜できない」＝「決して〜ない」の意味。①はifやnotを強調する際に使う表現。③はNo way!「とんでもない！」と単独や文頭で使う。④は「〜しない限り」で接続詞。

●**9** 正解：④ 前置詞

訳：あなたは私に感謝する必要はない。私が役に立てて、とても嬉しい。

　空所の後ろのhelpと④から、**of help**「役に立つ」を推測する。「私が**役に立て**て、とても嬉しい」と意味が通るので、④が正解。①「〜を除いて」、②「〜のために」、③「〜の中で」の意味。**of ＋** 抽象名詞 **で形容詞に置き換えられる表現**をまとめるので、おさえておく。

■総まとめ **POINT 59** / of ＋ 抽象名詞 ＝ 形容詞

of ＋ 抽象名詞	置き換え可能な形容詞	意味
of use	useful	役に立つ
of importance	important	重要だ
of value	valuable	価値のある
of help	helpful	役に立つ

●**10** 正解：② 熟語

訳：イシグロ博士によると、数十年後には、ロボットは私たちの複雑な感情を理解できるだろう。

　空所の前後のbe、ofと②から、**be capable of doing**「〜できる」を推測する。「数十年後には、ロボットは私たちの複雑な感情を理解**できる**だろう」と意味が通るので、②が正解。①はbe able to do「〜できる」で使う。③ enable O to do「Oが〜するのを可能にする」、④ It is possible for 人 to do.「 人 が〜することは可能だ」のように使う。

2

●**1** 正解：③−⑥−①−④−②−⑤ 不定詞

完成した英文：To open the attached file, (all you have to do is) click here.

　「〜しさえすればいいのです」と選択肢から、**All you have to do is (to) do ~.**「〜しさえすればいい」を推測する。To open the attached file, **all you have to do is** click here. で完成。is to doのtoは省略されることがある。**不定詞の慣用表現**をまとめる。

All you have to do is (to) do ~ .	～しさえすればよい
have no choice but to do	～せざるをえない
never fail to do	必ず～する
to tell the truth	実を言うと
to begin with	まずはじめに
needless to say	言うまでもなく
strange to say	不思議なことに

2 正解：①－④－③－⑤－②　　　　　　　　　　　　　比　較

完成した英文：The city's problems were caused (not so much by poor) management as by neglect.

訳：その都市の問題は、管理がひどいためというよりもむしろ、怠慢によって引き起こされた。

　①、④、③と空所の後ろのasから、**not so much A as B**「AというよりむしろB」を推測する。The city's problems were caused **not so much by poor** management as by neglect.「その都市の問題は、管理がひどいため**というよりもむしろ、怠慢によって引き起こされた**」で意味が通るので、正解。空所の後ろのas by neglectから、not so muchの後ろにbyを持ってくる形が必要になる。

3 正解：⑤－②－⑥－④－① / ③　　　　　　　　　疑問・熟語

完成した英文：(What do you think accounts for) this (movement) toward non-smoking environments?

訳：禁煙環境を整えようとするこの動きの原因は何だと考えますか？

　⑤、②、⑥、④から、疑問詞 do you think ~?を推測して、**What do you think**まで並べる。残った選択肢のうち、③のmovementは名詞で後ろのthisにつながらないので、動詞の④accounts forを続けて、**accounts for** this **movement** toward non-smoking environments?とする。「禁煙環境を整えようとするこの動きの原因は何だと考えますか？」で意味が通るので、正解。account forには「占める」「説明する」以外に、本問のように因果関係を作り、「**～の原因になる**」の意味もあることをおさえておく。

4 正解：⑤－①－③－⑦－②－⑥－⑧－④　　　接続詞・不定詞・準動詞

完成した英文：We need to check whether the statements (are true or not in order not to spread false) information.

　「誤った情報を広げないために」と⑦、②、⑥、⑧から、**in order not to do**「～しないように」を推測して、**in order not to spread false** informationと文末に

並べる。「その発言が正しいかどうか確認する」から、~ check whether the statements **are true or not** と前に並べて完成。

5 正解：②—⑤—④—⑦—①—③—⑥　　　　　熟語・関係詞

完成した英文：It (turned out that what I believed was right) **was in fact wrong**.

「〜がわかった」と、文頭のIt、②、⑤、④から、It **turned out that** まで並べる。「正しいと自分が信じていたもの」と⑦、①、③、⑥から、関係代名詞のwhatと**連鎖関係代名詞のSVV**の並びを推測して、**what I believed was right** と並べて完成。It **turned out that what I believed** was **right was** in fact wrong. で完成。

3

1 正解：① ⇒ Combining　　　　　　　　　　分詞構文

訳：デジタルテクノロジーを綿密な歴史調査と組み合わせて、専門家は元々白黒で撮られた写真を、鮮やかなカラーの画像に変えることができるようになっている。

Combined ~, specialists have been ... . から、分詞構文と判断する。Combined の主語はspecialistsで、combine A with B「AをBと組み合わせる」と**能動の関係**なので、①を現在分詞の **Combining** にするのが正しい形。②はcombine A with Bのwith、③はtake pains「骨折りをする」が形容詞になったpainstaking「骨の折れる、綿密な」。④はshootの過去分詞で「(写真が) 撮られた」の意味で、originallyからwhiteまでがphotosを修飾する。

2 正解：③ ⇒ wishes　　　　　　　　　　　　SVの一致

訳：期末テストまで残り2週間なので、私の友人の1人は、勉強にもっと時間を費やしたいと思っている。

②はa friendに焦点が当たっているので、③を **wishes** にするのが正しい形。①は付帯状況のwithで、with O C「OをCした状態で」が使われており、「2週間が残されているので」の意味。②は「私の友人の1人」、④はwish to doのdoにspend O doing「Oを〜するのに費やす」のspendが使われた形。

3 正解：① ⇒ belongs to　　　　　　　　　　時　制

訳：ジェイソンはバスケットボール部に所属している。彼は学校で2、3日に1回練習しており、もっと強くなるために家でも筋力トレーニングをしている。来週、彼は最初の試合に参加するだろう。

belong は状態動詞で、進行形では使わないので、①を **belongs to** にするのが正しい形。本来everyは後ろに単数名詞を続けるが、複数名詞を1つの単位とみなすと、②の every two or three days「2、3日ごとに」のような表現で使うことができる。

③はdo weight training「筋力トレーニングをする」のdoで、主語がHeなので
doesで受けて問題ない。④は来週のことなので、will participate in「〜に参加す
るだろう」で問題ない。

4 正解：③ ⇒ (should) stop by 助動詞

訳：クミは何をすべきか途方に暮れているので、私は助けを求めてスミス教授の研究室
に立ち寄ることをすすめる。

　suggest thatは、**提案・要求・命令のthat節**をとり、that節中は**動詞の原形か
should ＋ 動詞の原形**を使うので、③を **stop by**か **should stop by**にするのが正し
い形。①は be at a loss「途方に暮れる」の is、②は「何をすべきか」、④は ask for
「〜を求める」で、「助けを求める」の意味。

5 正解：③ ⇒ has moved SVの一致

訳：サムは生まれた小さな村を14歳のときに離れた。現在の不況の中で、そこに住ん
でいるほぼすべての人が、より高い賃金の仕事とより高い生活水準を求めて他の街に
移った。

　③の主語はwho lives thereで、後ろから説明を受けるalmost **everyone**で単数
扱いなので、③を **has moved**にするのが正しい形。①「〜の年齢で」、②「現在の不
況の中で」、④「仕事を求めて」の意味で、問題のない表現。

DAY 15

1

1 正解：①

訳：私の文書のどれにも変化を加えないと約束するなら、私のパソコンを使ってもいいよ。

空所の後ろに you promise の文構造があるので、接続詞の①、③、④に正解の候補を絞る。「私の文書のどれにも変化を加えないと約束する」は、パソコンを使う**条件**になるので、① **as long as**「〜する限り」が正解。③「〜する場合に備えて」、④「〜しない限り」の意味。

2 正解：③

訳：テイラーは決勝戦で、見事な試合をした。

outstanding は、**stand out**「目立つ」が形容詞になった表現で「**目立った、見事な**」の意味。選択肢の中では **impressive**「印象的な」が最も近いので、③が正解。①「競争的な」、②「好ましい」、④「不運な」の意味。

3 正解：③

訳：その叫び声はとても大きくて、遠くからでも聞こえた。

主語は The yelling「叫び声」で、受動態の **be heard** にする必要があるので、①、③に正解の候補を絞る。空所の前の was から、過去時制と判断して、③が正解。助動詞で受動態を使う場合は、**助動詞＋ be p.p.** にすることをおさえておく。

4 正解：②

訳：彼は自分の失敗を最大限活用するという点で、とても前向きだ。

空所の前後の makes the, of と②から、**make the most of**「〜を最大限活用する」を推測する。「彼は自分の失敗を**最大限活用する**という点で、とても前向きだ」と意味が通るので、②が正解。make the most of は「与えられたチャンスを最大限利用する」、make the best of は「不利な状況でも最善を尽くす」というニュアンスの違いがある。

5 正解：④

訳：私は小さかったころ、自分の親より祖母といっしょにより多くの時間を過ごしたので、現在の私を作ってくれたのは祖母だ。

空所の後ろの I am today と④から、**what I am today**「今日の私」を推測する。「彼

女は私を**今日の私**にしてくれた」と意味も通るので、④**が正解**。この what は関係代名詞である。①、②は関係詞として使うには先行詞が必要。③を入れると空所以下は「なぜ私が今日いるか」という意味だが、前の made me につながらない。**関係代名詞の what を使った表現**をまとめる。

総まとめ POINT 61 / 関係代名詞の what を使った表現

what S is[am、are]	現在のS
what S was[were、used to be]	過去のS
what S was[were、used to be] ~ years ago	~年前のS
what is called[what you call ／ what we call ／ what they call]	いわゆる
what is 比較級	さらに~なことには
A is to B what C is to D.	AとBとの関係はCとDとの関係と同じだ。
what little 名詞（S have）	なけなしの 名詞

6 正解：③　　　　　　　　　　　　　　　　　熟語・前置詞

訳：A：顔が青白いよ。大丈夫?

　　B：ええと、やせることに決めたんだ。2週間キャベツのスープしか食べていないんだ。

　Aの発言で「顔が青白い」とあり、空所の前後で「2週間キャベツのスープを食べた」という表現に着目する。③の **nothing but**「~しかない」を使うと意味が通るので、③**が正解**。①「あるとしても」、②「ほとんど~ない」、④「まるで~かのように」の意味。

7 正解：③　　　　　　　　　　　　　　　　　熟語・代名詞

訳：彼が私について悪いことを言っているのを聞いたとき、怒りで我を忘れた。

　空所の前後の was、myself with と③から、**be beside oneself with**「~で我を忘れて」を推測する。「怒りで我を忘れた」と意味が通るので、③**が正解**。beside には「~を外れて」の意味があるので be beside oneself with で「~で自分自身を外れて」＝「~で我を忘れて」となる。

8 正解：④　　　　　　　　　　　　　　　　　　　比　較

訳：彼らは私たちが海外にいる間、まさに最高の宿泊施設を提供してくれた。

　空所の後ろの**最上級である best を強調できるのは very** なので、④**が正解**。**the very best**「まさに最高の」と使うことをおさえておく。①は a lot なら比較級を強調できるが、最上級は強調できない。②はそれ自体が比較級で、最上級を強調できない。③は比較級を強調する表現。

9　正解：④

訳：私は、あなたが私の兄のことをそんな風に悪く言うのを我慢できない。

　tolerate「我慢する」と同義なのは **stand**「我慢する」なので、④**が正解**。①「答える」、②「訂正する」、③「要求する」の意味。**「我慢する」**の表現は頻出なので、おさえておく。

┌─ 総まとめ **POINT 62** ／「我慢する」の表現 ─┐

put up with ／ tolerate ／ endure ／ stand ／ bear

10　正解：①

訳：このレストランが高いのは知っているが、気にしなくていい。夕食は私がおごるよ。

　空所の前の The dinner is から、**on** を使うと「私のおごりだ」となるので、①**が正解**。信頼の **on** から、It's on me. とすると「（お勘定は）私に任せて」=「私がおごるよ」になる。

2

1　正解：⑤−②−⑥−④−①−③

完成した英文：One cannot read Jane Austen's novels (without being deeply impressed with how fine) her psychological descriptions of the characters in them are.

　「〜を読めば、必ず…」と空所の前の cannot、⑤から、**cannot A without B**「B なしで A できない」=「A すると必ず B する」を予測する。「必ず〜に感心するでしょう」と②、⑥、④から、**be impressed with**「〜に感心する」を推測して、**without being deeply impressed with** まで並べる。「登場人物の心理描写がいかに素晴らしいか」と①、③から、**how 形容詞 ~**「〜はどれほど 形容詞 か」を推測して、**how fine** her psychological descriptions of the characters in them are. で完成。

2　正解：③−②−①−⑤−④

完成した英文：He held (his breath the first time) he held hands with the actress.

訳：はじめてその女優の手を握ったとき、彼はかたずをのんだ。

　空所の前の held と③、②から、**hold one's breath**「かたずをのむ」を推測する。①、⑤、④と空所の後ろに文構造が続くことから、**the first time SV**「はじめて S が V するとき」を続けて完成。

3 正解：⑥－④－②－⑤－⑦／③－①

完成した英文：(The students' union has been negotiating with) **the university** (for an improvement) **of their study rooms.**

訳：その学生団体は、自習室の改善を求めて、大学と交渉を続けている。

　④、②、⑤から、現在完了進行形を推測して、**has been negotiating**と並べる。⑤、⑦から、negotiate with「〜と交渉する」を推測する。交渉する主体として⑥のthe students' unionを主語に、交渉相手としてthe universityをwithの後にくるように並べると、**The students' union has been negotiating with** the universityとなる。残った③、①を**for an improvement** of their study rooms.と並べて完成。

4 正解：⑦－②－①－⑤－④－⑧－③－⑥

完成した英文：**The family possessed** (few belongings and had little money to continue) **traveling.**

　「所持品がほとんどなく」と空所の前のpossessed、⑦、②から、The family possessed **few belongings**まで並べる。belongingsと複数形であることからもわかるように、可算名詞なのでfewを使う。「旅を続けるためのお金もほとんど持っていなかった」と、③、⑥から**不定詞の形容詞的用法**を推測して、**and had little money to continue** traveling.で完成。同じ「ほとんど〜ない」の意味でも、fewが可算名詞、littleが不可算名詞に使われることをおさえておく。

5 正解：④－①－③－⑤／⑥

完成した英文：**All** (other things being equal), (a) **morning meeting suits me better.**

　空所の前のAll、④、①、③、⑤から、**all other things being equal**「他の全てが同じなら」を推測して、**All other things being equal, a** morning meeting suits me better.で完成。②が不要語。

[3]

1 正解：③ ⇒ had worked

訳：19世紀までずっと、現代の裕福な西洋諸国の大部分の人々は、たいてい1週間に70〜80時間働いていた。

　Until the nineteenth centuryから、過去のある時点までの話とわかるので、③を過去完了の**had worked**にするのが正しい形。①は「〜世紀」に付けるthe。②「現代の」、④「1週間につき」の意味。

2 正解：④ ⇒ avoid paying　　　　　　　　　　　　　　`動名詞`

訳：中国政府は、その映画スターたちがいくら報酬を受け取れるかに制限をかけている。政府は、俳優がとても高額な給料を受け取ることは社会にとって悪いことで、多くの俳優が税金を払うのを避けようとしていると言っている。

　avoidは目的語に動名詞をとるので、④を **avoid paying** にするのが正しい形。①「いくらの報酬を～か」、②はactorsが動名詞gettingの意味上の主語で「(俳優がとても高い給料を) 得ること」の意味、③は、その動名詞に対応する動詞なのでis badで正しい。

3 正解：③ ⇒ the other　　　　　　　　　　　　　　`代名詞`

訳：私には2人の子どもがいる。1人は技術者で、もう1人は大学生だ。

　前の文のtwo childrenから、2人を対象に、One is ~, and **the other** is ... .「1人は～で、**もう1人は…**」という表現なので、③を **the other** にするのが正しい形。anotherは複数残っている中から不特定の1つを表すときに使う。①は「～を持っている」、②はOne is ~, and the other is ... .のOne、④はthe otherを受けるのでisで問題ない。

▶総まとめ **POINT 63**	otherとanotherの区別
代名詞の種類	**内容と慣用表現**
another	残り複数あるうちの1つ
the other	残りの1つを表す (theは特定)
the others	残りの全部 (theは特定＋複数形)
others	残り複数ある中から一部

4 正解：② ⇒ so rapidly　　　　　　　　　　　　　　`接続詞`

訳：学校の先生は、その都市が行っている教育改革に不満のように思える。テクノロジーとシステムはとても速く変化するので、彼らが毎日の仕事をしつつ、その変化に遅れずについていくのはほぼ不可能だ。

　②は後ろのthatと結び付いて、**so ~ that** ...「とても～なので…」の形にすると意味が通るので、②を **so rapidly** にするのが正しい形。①「～に満足していない」、③「ほぼ不可能だ」、④「～に遅れずについていく」の意味で問題のない表現。

5 正解：③ ⇒ much money　　　　　　　　　　　　　　`比 較`

訳：パメラは私の2倍多くのお金を稼ぐ。

　— times as ~ as A「Aの―倍～」は～に原級が入るので、③を **much money** にするのが正しい形。①は「稼ぐ」、②は — times as ~ as Aの — timesに2倍の意味のtwiceが入った形、④はearnの代動詞でdoが置かれた形。

DAY 16

1

1 正解：①　〔文型・動詞の語法〕

訳：もし質問がございましたら、遠慮なく事務所までご連絡ください。

　　contact O「Oに連絡する」と他動詞で使うので、①が正解。空所の前のfeel free to do「自由に〜する、遠慮なく〜する」もおさえておく。

2 正解：①　〔熟語〕

訳：彼はその事件と何も関係がないと主張した。

　　空所の前後のhad nothing to、withから、**have nothing to do with**「〜と何も関係がない」を推測して、①が正解。**have O to do with**の熟語は頻出なので、整理する。

総まとめ POINT 64　have O to do withの熟語

have much to do with	〜と大いに関係がある
have something to do with	〜と関係がある
have little to do with	〜とほとんど関係がない
have nothing to do with	〜と何も関係がない

3 正解：③　〔関係詞〕

訳：この棚にある商品のほとんどは、ないと私がやっていけないものだ。

　　Most of the items、areとI cannot doという2つの文構造をつなぐので、関係詞の①、②、③に正解の候補を絞る。先行詞がitemsで、後ろがwithoutの目的語が欠けた不完全文なので、**関係代名詞の③ that**が正解。①、②は先行詞とともに使わない。また、①は後ろに完全文がくる。

4 正解：②　〔分詞構文〕

訳：たくさんの人々の前で困惑して、その少年は途方に暮れて何も言えなかった。

　　与えられた英文から、カンマの後が文の主節、カンマの前が副詞句と判断できる。選択肢の**embarrass**「〜を困惑させる」は感情動詞なので、過去分詞にすると、主節の主語のthat boyとの関係で、**受動の分詞構文**となり、意味が通る。よって、**過去分詞の②が正解**。

5 正解：④　　　　　　　　　　　　　　　　　　　　　倒　置

訳：ダンは仕事を済ませるために、一晩中起きていた。私もそうした。

　前文の肯定文を受けて、**So VS**. 「SもまたVする」を予測する。stayedを受ける代動詞なので、④ **did** が正解。

6 正解：①　　　　　　　　　　　　　　　　　　　　　数　詞

訳：人々は1990年代に、様々なプラスの出来事とマイナスの出来事を経験したと言われてきた。

　「人々は**1990年代**に、様々なプラスの出来事とマイナスの出来事を経験した」と文脈を読んで、① **the nineties** が正解。〇〇年代を表す場合、例えば1990年代であれば、**1990〜1999**と複数あるので複数形にして、**他の年代と区別し、何かを特定する際に使うthe**を付けて表す。

7 正解：①　　　　　　　　　　　　　　　　　　　　　仮定法

訳：私には、はじめはそれは狐のように見えたが、実は狼だった。

　「はじめはそれは狐**のように**見えたが、実は狼だった」と意味を読み取って、① **as though** 「まるで〜かのように」が正解。②「〜だけれども」、③「まだ〜ない」、④「単に〜だから」の意味。

8 正解：②　　　　　　　　　　　　　　　　　　　　　動詞の語彙

訳：私のコンピューターが故障したので、締め切りに間に合わなかった。

　空所の後ろのthe deadlineと②から、**meet the deadline**「締め切りに間に合う」を推測する。「私のコンピューターが故障したので、締め切りに**間に合わ**なかった」と意味も通るので、②が正解。①「終わらせる」、③「置く」、④「取る」の意味。

9 正解：④　　　　　　　　　　　　　　　　　　　　　否　定

訳：その先生は、その女の子はめったに他人と話さない子だと言った。

　空所の後ろのeverと④から、**hardly ever**「めったに〜ない」を推測する。「その女の子は**めったに**他人と話さ**ない**子だ」と意味が通るので、④が正解。①「厳しく」、②「わずかに」、③「よく」の意味で、いずれも後ろのeverにつながらない。

10 正解：③　　　　　　　　　　　　　　　　　　　　　熟　語

訳：そのラジオでは、ひどい天気が近づいていると報じていたので、週に一度行われる試合が中止になった。

　call off「中止する」なので、③ **was canceled**「中止された」が正解。①は cease to do「〜しなくなる」で使い、②は「引き起こされた」、④「隠された」の意味。

1語置き換えが頻出の**2語熟語**を整理する。

2語の熟語	意味	同義語
turn down	拒絶する	**reject ／ refuse**
hand in	提出する	**submit**
account for	説明する	**explain**
	占める	**occupy**
look into	調査する	**investigate**
get over	克服する	**overcome**
call off	中止する	**cancel**
put off	延期する	**postpone**

2

1 正解：⑤−④−①−⑥−②−③ 　　　　　　　　　　　　否定・関係詞

完成した英文：He was the (last person I would have expected) to see in such a place.

　空所の前のtheと選択肢から、**the last person (that) SV**「SがVする最後の人」＝「最もSがVしそうにない人」を推測して、the **last person I would have expected**と並べて完成。空所の後ろのto seeと③のexpect to do「〜することを期待する」、would have p.p.「〜だっただろう」もおさえておく。

2 正解：③−②−①−⑤−④ 　　　　　　　　　　　　接続詞

完成した英文：No (sooner had the idea occurred) to him than he put it into action.

訳：その考えが頭に浮かぶとすぐに、彼はそれを実行に移した。

　空所の前のNoと③、空所の後ろのthanから、**no sooner A than B**「AするとすぐにB」を推測する。No soonerが文頭に出ると倒置が起こるので、No **sooner had the idea occurred** to him than he put it into action. で完成。occur to「(考えが) 〜の頭に浮かぶ」もおさえておく。

3 正解：⑧−②−⑥−⑤−①−③−⑦−④ 　　　　　　　　　仮定法・動名詞

完成した英文：The language I'm learning is very complicated. If it weren't, I (would be able to understand the basic grammar upon finishing) the first course.

訳：私が学んでいる言語は、とても複雑だ。もしそうでなければ、私は最初の課程を終えたらすぐに、基本的な文法を理解できるのだが。

空所の前のIf it weren'tから仮定法過去と判断して、主節に助動詞の過去形＋動詞の原形を予測する。②、⑥からbe able to do「〜できる」を推測して、I would be able to understandまで並べる。⑤、①、③をunderstandの目的語に置いて、the basic grammarまで続ける。⑦、④からupon doing「〜するとすぐに」を推測して、upon finishing the first course.で完成。

4 正解：③−①−⑤−②−⑥　　　　　　　　　　　熟語・接続詞

完成した英文：It makes (no difference to me whether) we go there by bus or by train.

空所の前のmakes、③、①から、make no difference「重要ではない」を推測する。文頭のItが形式主語で、④か⑥の名詞節がその代わりをすると予測するが、空所の後ろのorからwhetherが入ると判断する。よって、It makes no difference whether we go there by bus or by train.まで並べる。最後に残った⑤、②をdifferenceの後ろに置いて、It makes no difference to me whether we go there by bus or by train.で完成。④が不要語。

5 正解：②−③−⑥−⑧−⑤−①−④−⑦　　　　　　　不定詞・分詞

完成した英文：It is not good manners (to talk with your mouth full of food).

「口に食べ物を入れたまま」と⑥、⑧、⑤、①から、with one's mouth full「口をいっぱいにして」＝「口にものを入れて」を推測する。文頭のItを形式主語と推測して、②、③の不定詞で真主語を作り、It is not good manners to talk with your mouth fullまで並べる。①、④、⑦から、full of「〜でいっぱいの」を推測して、〜 to talk with your mouth full of food.と並べて完成。

3

1 正解：③ ⇒ has　　　　　　　　　　　　　　　SVの一致

訳：フライトアテンダントから手渡された安全のしおりを読むのを拒んだ女性は、報道によると、飛行機から降ろされたとのことだ。

文構造を取ると、whoから関係代名詞の節が始まり、attendantsまでのカタマリで、A womanを修飾していると判断する。③の主語がA womanとわかるので、③をhasにするのが正しい形。①はrefuse to do「〜するのを拒絶する」のdoにreadが入った形。②はsafety instructions card「（航空機の機内などに置かれた）安全のしおり」のinstructions card、④はhas been removedのbeen removedでbe removed from「〜から取り除かれる」の表現。

2 正解：④ ⇒ sensitive　　　　　　　　　　　　形容詞

訳：この病院のすべての患者の記録は、その繊細な性質が原因で、機密文書に分類されている。

　sensible は「分別のある」で、「分別のある性質が原因で機密文書に分類される」では意味が通らない。④を sensitive「繊細な」にすると意味が通るので正解。①「記録」で record は可算名詞なので複数形で問題ない。②は classify A as B「A を B に分類する」の受動態 be classified as の be に are が使われている表現。③「〜が原因で」の意味。

3 正解：② ⇒ having　　　　　　　　　　　　　動名詞

訳：私はこの春、あなたに私の新しいオフィスを訪ねてもらうのをとても楽しみにしている。

　look forward to doing「〜するのを楽しみに待つ」は、to の後に動名詞がくるので、②を having にするのが正しい形。①「とても」、③は have O do「O に〜してもらう」の do に visit が入った形、④「今度の春に」の意味。

4 正解：② ⇒ two pieces of baggage　　　　　　　名　詞

訳：ビジネスクラスの乗客は、1 人につき 2 つ手荷物を飛行機内に持ち込めます。もしあなたがもっと多くのカバンを持って旅行したいなら、追加の費用を払わなければなりません。詳細は空港のスタッフに尋ねてください。

　baggage は不可算名詞で、そのままでは数えられないので、個数を表したい場合には、〜 piece of を使う。よって、②を two pieces of baggage にするのが正しい形。①「持ち込んでよい」、③「追加の費用を払う」、④は ask A for B「A に B を求める」の B に details「詳細」が入った形。baggage「荷物類」のように、ひとまとまりで考える不可算名詞を整理する。

┌───┐
　総まとめ POINT **66**／不可算名詞【ひとまとまりで考える名詞】
└───┘

money ／ furniture「家具」／ baggage[luggage]「荷物」
equipment「機器」／ scenery「風景」

5 正解：③ ⇒ give　　　　　　　　　　　　熟語・動詞の語法

訳：スポーツの授業を担当する小学校の教師として、メアリーは自分のすべての生徒にできる限りベストなアドバイスを与えたいと思っている。

　be anxious to do「〜することを切望する」と使うので、③を動詞の原形にする必要がある。③の provide は通常、provide A with B、provide B for A「A に B を提供する」のように使う。一方、空所の後ろは all her pupils、the best possible advice と名詞が 2 つ続くので、第 4 文型をとる動詞を推測して、③を give にするのが正しい形。①は所有の with で「〜のある」、②「スポーツの授業に対する」で、

responsibility for「〜への責任」のfor、④は最上級などを強めるpossibleで、the best possible method「まさに最良の方法」のように、最上級の後ろに置いて使われる。be anxious to doのように、**be 形容詞 to doの熟語**を整理する。

▶総まとめ **POINT** **67** / be 形容詞 to doの熟語

be supposed to do「〜することになっている」
be willing to do「こころよく〜する」／ **be about to do**「〜するところだ」
be anxious to do「〜することを切望する」

DAY 17

1

1 正解：④ 　　　　　　　　　　　　　　　　　　仮定法

訳：もう少し注意すれば、私はその間違いを避けられたのに。

　空所の後ろの could have avoided から、仮定法過去完了を推測する。④ **With** は「〜があったら」と if 節の代わりができる。「もう少し注意**すれば**、私はその間違いを避けられたのに」で意味も通るので、④**が正解**。①「〜が原因で」、②「〜にもかかわらず」、③「〜のおかげで」の意味。

2 正解：② 　　　　　　　　　　　　　　　　　　熟　語

訳：何が起きても、私は自分の職務を実行することに専念する。

　空所の後ろの out と②から、**carry out**「〜を実行する」を推測する。「何が起きても、私は自分の職務**を実行する**ことに専念する」と意味が通るので、②**が正解**。①、④はそれぞれ bring out、take out で「外に持ち出す」、③は show out で「送り出す」の意味。**out** を使った頻出の熟語をまとめる。

┃総まとめ **POINT** 68 　out を使った頻出の熟語
carry out「実行する」／ stand out「目立つ」／ pick out「選ぶ」
make out「理解する」／ figure out「理解する」／ fill out「記入する」

3 正解：② 　　　　　　　　　　　　　　　　　　分詞構文

訳：道路の反対側を車で走行したため、私の祖父は大きな事故を起こした。

　主節の主語の my grandfather と選択肢の drive は「祖父が車を運転する」と**能動の関係**なので、現在分詞にすると適切な分詞構文となり、意味が通る。よって、②**が正解**。①の不定詞の副詞的用法では意味が通らない。④は動詞の原形で始まる命令文の形だが、主節とつながらず、意味も通らない。

4 正解：④ 　　　　　　　　　　　　　　　　　　関係詞

訳：私はあなたに、この結論に達した過程をお見せすることができます。

　前後に文構造が2つあることから、関係詞か接続詞を予測して、③、④に正解の候補を絞る。③ what は名詞節を作るので、④ **by which** が正解。先行詞の the process に対して後ろの文が、元々 I have reached this conclusion by the process だったのが、by which となって前に出てきたのが本問の形。

5 正解：① 熟　語

訳：その自動車事故から5年以上が経過した。被害者は、もはや死に関する悪夢に苦しんでいない。

　空所の前のnoと①から、**no longer**「もはや〜ない」を推測する。「被害者は、**も
はや**死に関する悪夢に苦しんでい**ない**」で意味も通るので、**①が正解**。②は
intention to do「〜する意図」で、③はinterest in doing「〜することについての
関心」で使うので、後ろのsuffersと合わない。④はno matter 疑問詞 「たとえ〜
でも」のような形で使う。

6 正解：④ 否　定

訳：ジェーンは信頼できる。彼女は彼の信頼を最も悪用しそうにない。

　空所の前後のthe、person who 〜と④から、**the last person who 〜**「〜する
最後の人」＝「最も〜しそうにない」を推測する。「ジェーンは信頼できる。彼女は
彼の信頼を**最も**悪用し**そうにない**」と意味も通るので、**④が正解**。①〜③は前文の「信
頼できる」の内容に合わない。

7 正解：① 品　詞

訳：そのアパートに居住する人々は、通りの向こうの公園に、自分の子どもをよく連れて
行く。

　関係代名詞のwhoの後ろに動詞が必要なので、① reside「住む」が正解。**reside
in**「〜に住む」で覚えておく。live inを堅くした表現。②「居住」で名詞、③「住宅の」
で形容詞、④「住民」で名詞なので、いずれも空所には入らない。

8 正解：① 助動詞

訳：この会社が、従業員のためにもっと多様な働きかたを提供することは不可欠だ。

　It is essential that 〜. から、〜には動詞の原形かshould＋動詞の原形を予測し
て、**①が正解**。It is 形容詞 that 〜. で、形容詞 に「重要だからやりなさい」のよう
な命令の内容を含む単語が入ると、〜には動詞の原形かshould＋動詞の原形が使わ
れるので、整理する。

▶総まとめ POINT **69** that節に動詞の原形、should＋動詞の原形を使う命令形容詞
necessary「必要な」／ important「重要な」／ essential「不可欠な」
imperative「絶対に必要な」

9 正解：③ 受動態

訳：悪天候のため、乗客は空港で何時間も待たされた。

　「悪天候のため、乗客は空港で何時間も待た**された**」と意味を読み取って、③から

make O doの受動態である**be made to do**「(無理やり)〜させられる」を推測して、③が正解。①、②はlet O doで使って、受動態では用いない。④はmadeの後ろにtoが必要。

10 正解：②   仮定法

訳：スカイダイビングをする機会が生まれたら、確実にそれをするつもりだ。

　the chanceという主語にもかかわらず、**arise**と動詞の原形が使われていることに着目すると、**if**節に**should**が使われていたのが倒置されたものと判断できる。もともとはIf the chance to go skydiving should ariseが、倒置されて**Should the chance to go skydiving arise**となるので、②が正解。④は、were toの形を想定して、無理やり元の形を考えると、If the chance were to go skydiving ariseとなるが、were to go、ariseと動詞が2つ続いてしまうので、正解にはならない。

2

1 正解：⑤−③−④−①−⑥−②   熟語・疑問

完成した英文：I know the UAE is a country on the Persian Gulf, but I have (no idea what UAE stands for).

　空所の前のhaveと⑤、③から、**have no idea**「わからない」を推測して、〜I have **no idea**まで並べる。「UAEが何の略なのか」から、④を疑問詞とみなして、⑥、②から、**stand for**「〜を表す、〜の略である」を推測して、**what UAE stands for**. と並べて完成。have no ideaの後ろには、as to「〜に関して」を省略して、疑問詞の名詞節を置くことができることをおさえておく。

2 正解：⑤−②−⑥−④−①−③   比　較

完成した英文：Surprisingly, (the price of gasoline is about twice as high) as last year's.

　「ガソリンの値段は」と、⑤、②、⑥から、**the price of gasoline**まで並べる。「二倍ほどになりました」と①、③、空所の後ろのas last year'sから、— **times as 〜 as A**「Aの一倍〜」を推測して、**is about twice as high** as last year's. で完成。

3 正解：⑤−②−⑥−③−⑦−①−④   熟　語

完成した英文：Both (players made the most of their limited opportunities) throughout this season.

　「両選手とも」から、Both **players**まで並べる。「〜を最大限に利用した」と②、⑥、③から、**make the most of**「〜を最大限活用する」を推測して、Both **players made the most of**まで並べる。「限られた機会」から、**their limited opportunities**と続けて完成。

4 正解：①—⑤—③—⑥—②
熟語・疑問

完成した英文：Do you have any good ideas (as to how we can) solve the problem?

　①、⑤から、**as to**「〜に関して」を推測する。「どうしたらこの問題を解決できるか」から③を疑問詞とみなして、**how we can** solve the problemと並べて完成。④が不要語。

5 正解：④—③—①—⑥—⑧—⑤—②—⑦
関係詞・熟語・助動詞

完成した英文：All the (things I had taken for granted may have been) an illusion.

　「私が当たり前だと思っていた全てのこと」と空所の前のAll the、④、③から、名詞 SVの語順になる関係詞の省略を推測して、All the **things I had**まで並べる。①、⑥、⑧から、**take O for granted**「Oを当然と思う」を推測して、All the **things I had taken for granted**まで並べる。「幻想だったのかもしれない」と⑤、②、⑦から、**may have p.p.**「〜だったかもしれない」を推測して、**may have been** an illusion. で完成。

3

1 正解：③ ⇒ correctly
形容詞・副詞

訳：AIの最近の急速な進歩にもかかわらず、最も有能な翻訳機でも、あなたの伝えたい意味の解釈や、どの言葉がその意味を最もよく伝えられるかに関する決定を正しくできない。

　③のcorrectは、形容詞なら「正しい」、動詞なら「訂正する」の意味があるが、前後がcannot、interpretなので、いずれの品詞も置くことができない。副詞であれば、助動詞と動詞の間に置いて動詞を修飾することができるので、**③を correctly「正しく」にする**のが正しい形。①「〜にもかかわらず」、②最上級のthe most powerfulのmost、④「最もよく」の意味で、問題のない表現。

2 正解：② ⇒ its[their] fund
代名詞

訳：ABC社は様々な銀行からお金を借りることで、その合併の資金を集めた。

　②のtheirs「それらのもの」は所有代名詞なので、後ろに名詞のfundを置くことができない。ABC Co.を受ける所有格にするので、**②を its fundにする**のが正しい形。会社にいる複数の人々をイメージして、**their fund**も正解になる。① raise「（資金などを）集める」の過去形、③「〜のための」、④は「お金を借りる」はborrowで問題ない。

正解：③ ⇒ to get accustomed 　　　　　　　　　　　　 熟　語

訳：新しい国に移住するとき、おそらく言語やその地域の慣習を学ぶ困難に直面するだ
　　ろう。新しい文化に慣れるのにしばらく時間がかかるかもしれないけれども、その経
　　験は、最終的にはそれだけの価値があるだろう。

　③の accustom は、get accustomed to「〜に慣れる」や be accustomed to「〜
に慣れている」で使う。「その新しい文化に**慣れる**のにしばらく時間がかかる」とす
ると意味が通るので、③**を to get accustomed にする**のが正しい形。①は副詞の
likely「おそらく〜だろう」、②「〜だけれども」、④は it が「しばらく時間がかかるこ
と」を指して、「それだけの価値がある」の意味。

4

正解：② ⇒ out 　　　　　　　　　　　　　　　　　 熟　語

訳：ジョーンズ教授はその宿題を2回説明してくれたけれども、私は彼の意図すること
　　が理解できなかった。

　「ジョーンズ教授はその宿題を2回説明してくれたけれども、私は彼の意図するこ
とが〜できなかった」と文脈を読み取る。②の前の make から、**make out**「理解す
る」にすると判断して、②**を out にする**のが正しい形。make out は否定文で使われ
ることが多いことを知っていると、本問でも正解しやすくなる。①「〜できなかった」、
③は関係代名詞で「〜こと」、④「意図していた」の意味。

正解：③ ⇒ doing anything 　　　　　　　　 動詞の語法・接続詞

訳：ケイティは先月家に帰る途中で事故にあった。彼女のけがは自分が思ったよりもひ
　　どいもので、そのせいで彼女は外出や本当にやりたいことが何もできなくなった。彼女
　　の友人は放課後よく彼女を見舞いにきて、それは彼女にとって大きな慰めになった。

　③の前の or は、**prevent O from doing**「**O が〜するのを妨げる**」の doing として、
going と do を並列していると推測する。「それ（＝けが）のせいで、彼女は外出する
ことや本当にやりたいことが何もできなかった」と意味も通るので、③**を doing
anything にする**のが正しい形。①は on one's way home「家に帰る途中」、②は it
が Her injury を指して、be の後ろは worse の原級の bad が省略されている表現。④
「彼女にとって」の意味。

1

1 正解：④

訳：私によくもそんなことが言えるね？

　空所の前の How dare から、**How dare you say ~?**「よくも〜と言えるね？」を推測して、**④が正解**。この dare は助動詞なので、①、②、③のように、can、do、will と一緒には使えない。

2 正解：④

訳：非常扉がどうしても開かなかったので、彼らは絶望的になった。

　because に着目すると、彼らが絶望的になった理由がその後にくるとわかるので、「非常扉が**どうしても開かなかった**」と推測して、**would not**「どうしても〜しなかった」の短縮形の④ **wouldn't が正解**。①、②は時制が合わない。③は意味が通らない。

3 正解：④

訳：私はどれも満足できなかったので、その3つの靴のどれも買わなかった。

　because の前の three から、① both、② either、③ neither はいずれも**2つ**を対象としているので、**④が正解**。**none**「どれも〜ない」は**3つ以上を対象**に使用する表現。**2つと3つ以上とで使い分ける代名詞**を紹介する。

総まとめ **POINT 70** 2つと3つ以上とで使い分ける代名詞	
2つ	**3つ以上**
both「両方」	all「すべて」
either「どちらでも」	any「どれでも」
neither「どちらも〜ない」	none「どれも〜ない」

4 正解：③

訳：ある研究によると、夜の十分な睡眠は人を幸せにするが、10時間を超えて眠る人は怒りやすいことがわかっている。

　空所の後ろの people、happier から、第5文型を作れる③を推測する。「十分な夜の睡眠は**あなたをより幸せにする**」と意味も通るので、**③が正解**。①は第4文型などで「（時間が）かかる」。②は第3文型で「増やす」、④は第3文型で「提案する」の意味。

5 正解：① 不定詞

訳：その会社は危機的な状況だけれども、社長は何をすべきかを理解できなかった。

　空所の後ろのto understandから、不定詞を目的語にとる①、③にいったん正解の候補を絞る。「その会社は危機的な状況だけれども、社長は何をすべきかを理解〜。」から、**fail to do**「〜できない」だと意味が通るので、**①が正解**。③は「残念ながら〜した」で意味が通らない。②、④は目的語に動名詞をとる。いずれもto 以下を不定詞の副詞的用法と解釈することもできるが、意味の通る英文にならない。

►総まとめ POINT **71**	不定詞のみを目的語にとる動詞

ニュアンス	動　詞
未来	promise「約束する」／ plan「計画する」 decide「決定する」／ manage「何とか〜する」
願望	hope「希望する」／ want「〜したい」 would like「〜したい」／ wish「望む」
マイナスイメージ	refuse「拒絶する」／ hesitate「ためらう」 fail「〜できない」

6 正解：③ 副　詞

訳：私はたまたま母親のサングラスを踏んで壊してしまった。しかし、故意にそうしたわけではない。

　空所の前の文で、「たまたまサングラスを踏みつけた」とあるので、「**故意に**そうしたわけではない」と意味を読み取って、③ **deliberately**「故意に」**が正解**。on purposeと同意表現なのをおさえておく。①「防衛的に」、②「明確に」、④「絶望的に」の意味。

7 正解：② 関係詞

訳：まさに最前列の、どれでも好きな座席に座ってください。

　空所の前後でtake、likeと2つの動詞があるので、接続詞か関係詞が必要と判断して、②、④に正解の候補を絞る。空所の後ろにseatという名詞があるので、形容詞の性質も持つ**whichever** 名詞 ～「～するどの 名詞 でも」を推測する。「まさに最前列の、どれでも好きな**座席に座って**ください」で意味が通るので、**②が正解**。

8 正解：① 否　定

訳：彼女は少しも気分を害されてはいない。

　空所の前のnot、in、①から、**not ~ in the least**「少しも〜ない」を推測する。「彼女は**少しも**気分を害されて**はいない**」で意味も通るので、**①が正解**。他の選択肢は、いずれもこの文脈で使わない。

9 正解：①

訳：彼女はミルクなしのコーヒーが好きではない。決してコーヒーをブラックでは飲まない。

空所の後ろの文の「決してコーヒーをブラックでは飲まない」から、「ミルクなしでのコーヒーを**好まない**」と推測して、**care for**「〜を好む」となる①が正解。careを使った表現は、他にcare about「〜について気にかける」をおさえておく。

10 正解：①

訳：私はそれが東京で最高のホテルだと思う。そのサービスは申し分ない。

空所の前のleaves nothing to beと①から、**leave nothing to be desired**「望まれるものは何も残っていない」＝「申し分ない」を推測する。「私は、それが東京で最高のホテルだと思う。そのサービスは**申し分ない**」で意味も通るので、①が正解。他にも、leave much to be desired「望まれることが多く残されている」＝「物足りない点が多い」もおさえておく。

[2]

1 正解：③－②－⑤－④－①－⑥

完成した英文：There is (no dispute that the claim turned out) to be true.

「議論の余地がない」と③、②からThere is **no dispute** まで並べる。「その主張が本当だったこと」と①、⑥、空所の後ろのto beから**turned out to be ~**「〜と判明する」を推測して、**the claim turned out** to be trueと並べる。⑤をdisputeに対する**同格のthat**とみなして、disputeの後ろに置いて完成。

2 正解：⑥－③－②－①－④－⑤

完成した英文：Little (had I dreamed that I would get a job with a leading) company.

空所の前のLittleから、後ろの倒置を予測して、Little **had I dreamed that** まで並べる。「一流の会社に就職できる」＝「一流の会社で職を手にする」と読み換えて、**I would get a job with a leading** company. で完成。a leading companyで「一流の会社」の意味。

3 正解：②－⑥－④－①－⑦－⑤－③

完成した英文：In every case, I tried to (do what I believed was needed for) the university.

「私は大学にとって必要だと思ったこと」と⑥、④、①、⑦、⑤から、SVVの並びになる**連鎖関係詞**を推測する。**what I believed was needed for** the university

で「大学にとって必要とされると私が思ったこと」で同義になるので、動詞の**do**を**what**の前に置いて完成。

4 **正解**：③—⑤—④—②—① 仮定法

完成した英文：If (I were to go abroad) in the future, I would want to go to Nepal.

⑤、④、②、①から、if S **were to do**「仮にSが〜するなら」と、**go abroad**「海外に行く」を推測して、If **I were to go abroad** in the future, 〜. で完成。⑥が不要語。

5 **正解**：⑦—⑤—①—④—②—⑥—⑧—③ 受動態・不定詞

完成した英文：We were (made to wait for half an hour due) to the train delay the other day.

「〜 30分待たされた」と空所の前のwere、⑦、⑤、①から、**be made to do**「〜させられる」を予測して、We were **made to wait for half an hour** まで並べる。「電車の遅延のために」と③、空所の後ろのto から、**due to**「〜が原因で」を推測して、**due** to the train delay で完成。

3

1 **正解**：③ ⇒ sent 分 詞

訳：その会社の社長は今、自分の計画を変えたので、スタッフ全員に、昨日送られた文書を無視するように伝えた。

①の**told**が文の動詞なので、接続詞や関係詞なしに、③の**send**をさらに使うことはできない。過去分詞にすると「昨日**送られた**文書を無視する」と意味が通るので、③を**sent**にするのが正しい形。①、②はtell O to do「Oに〜するように言う」のdoにignore「無視する」が使われた形。④は現在完了の過去分詞で問題のない表現。

2 **正解**：③ ⇒ it 代名詞

訳：DV11型の運転手は、一般にそれを現代のヨーロッパのまさに最高の乗り物と呼ぶ。

③はcall O C「OをCと呼ぶ」のOに当たるので「現代のヨーロッパでまさに最高の乗り物」に対応する表現の必要がある。the Model DV 11が乗り物と推測できるので、③をこれを受ける代名詞である**it**にするのが正しい形。①「〜の」、②「一般的に」、④はbestの強調表現でthe very best「まさに最高の」のvery best。

3 正解：① ⇒ is talking to[with] 動詞の語法

訳：トムがテーブルで話している女の子は、彼の妹のジェーンにちがいない。彼女はとても変わったので、私がはじめは彼女だとわからなかったのも無理はない。

　①は、The girl Tom is talking で 名詞 SVの語順なので、**関係代名詞の省略**を推測する。関係代名詞の省略は、後ろが不完全文である必要がある。The girl Tom is **talking to** at the tableとすると、**to[with] の目的語が欠けた不完全文**となる。よって、**①を is talking to[with] にする**のが正しい形。②「〜（である）にちがいない」、③「〜は不思議ではない」、④「彼女だとわからなかった」で問題のない表現。

4 正解：② ⇒ as[that] 関係詞

訳：ベン・グラハムと彼の医療チームは、2020年に医療を提供するために、西アフリカのその紛争地域をよく訪れていた。「そこの子どもたちは、その団体が2000年代に他の国の子どもに与えたのと同じ支援を今必要としている」とベンは言っている。

　②は前にthe sameがあるので、**the same A as[that] B「Bと同じA」**を推測する。「その団体が2000年代に他の国の子どもに与えた**と同じ**支援」で意味が通るので、**②を as[that] にする**のが正しい形。③の give O_1 O_2のO_2が先行詞のthe same supportとして前に置かれていることも説明がつく。①「提供するために」、③「与えた」、④「言う」の意味。"Children ~ 2000s"とOにあたる発言内容が文頭にきて、Ben saysがVSと倒置した表現。

5 正解：④ ⇒ much easier 比　較

訳：一般的な日本の消費者の習慣を考慮すると、日本で高級品を売り込むことは、安価な商品を売るのより、ときにずっと簡単だ。

　veryは原級を強調する副詞で、比較級を強調できないので、**④を much easier にする**のが正しい形。他にも、far、even、stillなども比較級を強調できる表現なので、おさえておく。①「〜を考慮すると」、②「一般的に」、③はqualityが形容詞のように使われて「質の高い品物」＝「高級品」で問題のない表現。

1

1 正解：②　　　　　　　　　　　　　　　　　　　　　　　　　比　較

訳：私が疲れているのは、1週間に1,000ページも読んでいるからだ。

　空所の前後で「1週間で1,000ページも読んだ」という内容を類推できるので、②**as many as**「〜も（多い）」が正解。①「それだけいっそう」、③「さらに多くの」、④「ますます多くの」で、いずれも後ろにa thousand pagesを続けることはできない。

2 正解：④　　　　　　　　　　　　　　　　　　　　　　　　　熟　語

訳：個人情報を含んだ紙の文書を処分するのに、リサイクル用のごみ箱を使ってはいけない。

　空所の前のdisposeから、**dispose of**「〜を処分する」を推測する。「個人情報を含んだ紙の文書**を処分する**のに、リサイクル用のごみ箱を使ってはいけない」と意味も通るので、④**が正解**。dispose ofは1語でremoveに置き換えられることをおさえておく。

3 正解：③　　　　　　　　　　　　　　　　　　　　　　　　　受動態

訳：私が何かをしたいとき、ただ待っているだけでは何も得られないので、たいていはまずは進めてやってみる。

　空所の前のnothingと選択肢のgainは、**nothing is gained**「何も得られない」と受動の関係で使うので、③**が正解**。受動態ではない他の選択肢は、空所には入らない。

4 正解：①　　　　　　　　　　　　　　　　　　　　　　　　　分　詞

訳：リョウ、あなたはエンジンをかけっぱなしにすべきではない。ガソリンの無駄だ。

　「エンジンをかけっぱなしにしてはいけない」と意味を読み取って、**leave the engine running**となる①**が正解**。「エンジンが動く」と、engineとrunは能動の関係なので、**現在分詞のrunning**にすることをおさえておく。

5 正解：②　　　　　　　　　　　　　　　　　　　　　　　　　助動詞

訳：その会議で、私はもっと多くの女性労働者を雇用するように提案した。

　空所の前のproposed thatから、**命令・要求・提案のthat節**には**動詞の原形**か**should＋動詞の原形**を使うので、②**が正解**。

6 正解：③ 動名詞

訳：その新しいシステムは、現在作動している3つのシステムを統合することで作られた。

　前置詞**by**の後ろには、名詞か動名詞を続けるので、③、④に正解の候補を絞る。空所の**後ろのthree currently functioning systems**が動詞の目的語に当たるので、動名詞の**③が正解**。④は名詞なので、さらに名詞を続けることはできない。

7 正解：④ 形容詞

訳：このクラスのすべての生徒は、来週の月曜日までに自分の論文を提出するように求められている。

　①は**the**と一緒に使い、**the whole class**「クラス全体」のように使う。②は副詞で、通常Sの後ろに置いて使う点と、**student**が無冠詞になってしまう点から、空所には入らない。③は**All the students**のように複数形とともに使う。**④は通常後ろに単数名詞を置いて、単数扱いをするので正解。**

8 正解：④ 熟語

訳：私たちは、とても注意深く自分たちの新しい計画を始めた。

　set aboutは「始める」の意味なので、**④が正解**。set about to do「～し始める」もおさえておく。①「捨てた」、②「続けた」、③「固定した、修理した」の意味。

9 正解：② 否定

訳：あなたの言うことがほとんど聞こえないので、大きな声で話してください。

　asを理由の**as**と推測すると、as以下には「大きな声で話す」ことの理由が入るので、「ほとんど聞こえ**ない**」の意味になる**② hardly**「ほとんど～ない」が正解。①「熱心に」、③は形容詞で「ほとんどない」と名詞を修飾する。④「ただ～だけ」の意味。

10 正解：④ 関係詞

訳：このプログラムを作った人は、誰であっても天才だ。

　空所の後ろに**created**、**is**と**動詞が2つある**ので、**接続詞、関係詞を予測**して、③、④に正解の候補を絞る。③は、関係代名詞で使うには先行詞が必要で、疑問詞として使うと「誰が～を作ったか」になり、意味が通らない。④ならば先行詞は不要で、「このプログラムを作った**人は、誰であっても天才だ**」と意味が通るので、**正解**。

2

1 正解：②—④—⑤—③—⑥—①　　　　　　　　　　感嘆文

完成した英文：What a (memorable day this has become for all of) us!

「～何と思い出深い日になったことでしょう」と空所の前のWhat aから、感嘆文の **What a 形容詞 名詞 S V ！**「Sは何て 形容詞 な 名詞 か！」を推測して、What a **memorable day this has become** まで並べる。「皆にとって」から、**for all of** us!と並べて完成。「今日」をthisで表すことに注意する。

2 正解：①—②—④／⑥／③—⑤　　　　　　　　　　強　調

完成した英文：It was the one and only (time that I've) ever (seen) him in (tears of) disappointment.

訳：私が今までに彼が失意の涙に暮れているのを見たのは、1回だけだ。

空所の前のIt wasと②から、**It is A that ～.** の強調構文を推測する。onlyの後ろに① timeを続けて、It was the one and only **time that I've** ever **seen** まで並べる。残った選択肢の③、⑤を使って、him in **tears of** disappointment.「彼が失意の涙を浮かべている」で完成。

3 正解：⑤—⑦—②—④—③—⑥—①　　　　　　　　分詞・前置詞

完成した英文：Products that are designed and (manufactured with every individual in mind are) definitely better products.

「設計・**製造**されている製品」から、Products that are designed and **manufactured** まで並べる。「あらゆる人のことを念頭に置いて」と⑦、②、④、③、⑥から、**付帯状況のwith** を推測して、**with every individual in mind** と並べる。最後にProducts ～ mindという長い主語を受けるbe動詞の **are** を置いて完成。

4 正解：③—④—①—②—⑥　　　　　　　　　　　　倒置・比較

完成した英文：At no time in my life (have I been happier than) I am today.

At no time in my lifeから、否定の前置詞句が文頭にきているので後ろを倒置して、**have I been** と並べる。残った選択肢の②、⑥を使って比較表現を作り、At no time in my life **have I been happier than** I am today.で完成。最上級相当表現であることをおさえておく。⑤が不要語。

5 正解：⑦−⑧−⑥−①−④−⑤−③−②　　　　　　**動名詞・熟語**

完成した英文：Recent surveys (show that when it comes to job satisfaction), most people say their salary doesn't necessarily take top priority.

「仕事に対する満足に関して言えば」と⑥、①、④、⑤から、**when it comes to**「〜ことについて言うと」を推測して、**when it comes to job satisfaction**と並べる。残った選択肢の⑦、⑧を空所の最初に並べて、Recent surveys **show that when it comes 〜**. で完成。

3

1 正解：④ ⇒ what　　　　　　　　　　　　　　　　　　　**関係詞**

訳：問題について話し合うときは、あなたにとって関心があることを、その議論で重要なことと混同しないことが重要だ。

②の後ろから**confuse A with B**「AをBと混同する」が使われており、「あなたにとって関心があることを、その議論に重要な**こと**と混同する」と意味を読み取って、**④を関係代名詞のwhatにする**のが正しい形。①は、前に一般の人を表す you are が省略された形で「話し合っている」の意味。②は不定詞の否定形、③は「関心を引き起こす」で問題のない表現。

---

2 正解：① ⇒ deliberately　　　　　　　　　　　　　　　　　**副詞**

訳：毎年定例の会議は、忙しいビジネスマンでも参加できるように、意図的に週末に開催されている。

①の前後は is held と受動態なので、これを修飾する副詞の deliberately「意図的に」を推測する。「毎年定例の会議は、忙しいビジネスマンでも参加できるように、**意図的に週末に開催されている**」と意味も通るので、**①を deliberately にする**のが正しい形。②「週末に」、③「〜するように」、④「参加できる」の意味で、問題のない表現。

---

3 正解：① ⇒ A classmate of mine　　　　　　　　　　　　　**代名詞**

訳：私のクラスメイトの1人が昨日交通事故にあって、今入院している。放課後彼を見舞いに行く予定だ。

文脈から、①は「私のクラスメイトの中の1人」という意味になるべきなので、me を「私のクラスメイト」を含意する mine にする必要がある。よって、**①を A classmate of mine にする**のが正しい形。②「昨日交通事故にあった」、③「そして今入院している」、④「放課後彼を見舞いに行く予定だ」で問題のない表現。

4 正解：③ ⇒ with my father wearing

訳：これは、ちょうど私の両親が結婚した直後の、1989年の秋のあるときに撮られた、両親の写真だ。彼らは、カフェのテーブルに座っており、父は革のジャケットを着ている。写真では、当時25歳の私の母が、とてもかわいく映っている。

③は付帯状況の with で、「父親が革のジャケットを着ている」と**能動の関係**になるので、過去形の wore ではなく、**現在分詞の wearing** を使う。よって、**③を with my father wearing にする**のが正しい形。①「〜の秋に」で季節には in を使うので問題ない。②「結婚した」、④は先行詞が my mother なので、who was で問題のない表現。

5 正解：① ⇒ especially

訳：水は、特に電気を生み出すのに役に立つ資源で、20世紀半ば以降、多くのダムや発電所が建てられてきた。

① especial は形容詞で、名詞を修飾するときに使うが、ここでは for 以下を修飾しているので、副詞に変える必要がある。よって、**①を especially にする**のが正しい形。②「生み出すこと」、③ have been built「建てられてきた」の been built、④ century と合わせて「20世紀半ば」となる表現で問題ない。

DAY 20

1

1 正解：② 　　　　　　　　　　　　　　　　　　　　　　　　　　　　関係詞

訳：彼らが責任を負う仕事が、まだ手つかずのまま放置されている。

　選択肢から関係代名詞の問題と判断する。先行詞の The task が後ろの関係詞節に入っていた形は、they are responsible **for** the task となるはずである。the task を関係代名詞の which にして、for which の形で前に持ってくるので、②**が正解**。空所の後ろは完全文で、前置詞＋関係代名詞、もしくは関係副詞を使わなければならないので、関係代名詞のみの④は空所には入らない。

2 正解：② 　　　　　　　　　　　　　　　　　　　　　　　　　　　　形容詞

訳：お母さんの誕生日に花を贈るなんて、あなたは思いやりがあった。

　空所の後ろの「母親の誕生日に花を贈る」から、② **considerate**「思いやりのある」が正解。人の性質を表す形容詞を使って「〜するとは、[人] は [形容詞] だ」を表すときは、It is [形容詞] of [人] to do. とする。①「かなりの」、③「考慮されて」、④「考慮して」の意味。

3 正解：② 　　　　　　　　　　　　　　　　　　　　　　　　　　　　形容詞

訳：適切な指導を受けて一生懸命頑張れば、第二言語で上手な発音を習得することは誰にでも可能だ。

　possible は人を主語にしては使わず、主に **It is possible for [人] to do 〜.** の形で使うので、②**が正解**。他に convenient「都合の良い」も人を主語にして使わないので、おさえておく。

4 正解：③ 　　　　　　　　　　　　　　　　　　　　　　　　　　　動詞の語彙

訳：すみませんが、カレンは今オフィスにはいません。伝言を 承 りましょうか？

　空所の後ろの a message から、**take a message**「伝言を受け取る」を推測する。「カレンは今オフィスにいません。**伝言を承りましょうか？**」で意味も通るので、③**が正解**。Can I take a message?「メッセージを承りましょうか？」でよく使うので、おさえておく。①「提供する」、②「手に入れる」、④「置く」の意味。

5 正解：② 　　　　　　　　　　　　　　　　　　　　　　　　　　　　熟　語

訳：ビルがピアノを弾けるようになったのは、たくさん練習したおかげだ。

　空所の後ろの his ability to play the piano、to、lots of practice と②から、

owe A to B「AはBのおかげだ」を推測する。「ビルがピアノを弾けるようになったのは、たくさん練習した**おかげだ**」で意味が通るので、②**が正解**。①「利益を得た」。③は thank A for B で「AにBで感謝する」、④は be indebted to「～に借りがある」で使う。owe A to B のように**因果関係を表す動詞**は頻出なので、以下に整理する。

総まとめ POINT **72** 因果関係を表す動詞	
cause ／ lead to ／ bring about result in（結果～になる）／ give rise to	～を引き起こす
attribute A to B ／ A be attributed to B ／ owe A to B	AはBが原因だ

---

6 正解：③   熟　語

訳：彼女は膝の問題が原因で、速く走らないように言われていた。

空所の前後の「走らないように言われていた」と「膝の問題」は、結論と理由の関係が成り立つので、③ **on account of**「～の理由で」が正解。①「～経由で」、②「～が欠乏して」、④「～にもかかわらず」の意味。**因果関係・理由を表す熟語**も頻出なので、整理する。

総まとめ POINT **73** 因果関係・理由を表す熟語	
because of ／ due to ／ owing to	～が原因で
thanks to	～のおかげで
on account of	～の理由で

---

7 正解：④   熟　語

訳：私は、先日あなたが助けてくれたことに感謝しています。

空所の前の I'm grateful から、**be grateful to A for B**「AにBで感謝する」を推測して、④**が正解**。理由の for が使われていることをおさえておく。

---

8 正解：②   熟　語

訳：私たちが増やしたR＆D（研究開発）への投資は、本当に実を結びつつある。

「私たちが増やしたR＆D（研究開発）への投資は、本当に～」と空所の前の pay、②から、**pay off**「報われる」を推測して、②**が正解**。①は pay it forward とすると「先に払う」、③は pay in で「払い込む」、④は pay up で「全部支払う」の意味。

---

9 正解：②   熟　語

訳：最近私はカフェに行くお金の余裕がないし、値段の高いレストランは言うまでもない。

空所の前の「カフェに行くお金の余裕がない」という否定文に着目する。空所の後

ろを「高価なレストラン」は「言うまでもなく（行けない）」とすると意味が通るので、② **let alone**「〜は言うまでもない」が正解。①「たとえそうでも」、③は肯定文を受けて「まして〜だ」、④は not only A but also B「A だけでなく B も」の not only。「〜は言うまでもない」の表現を整理する。needless to say だけ文頭に置いて文を修飾、他の 3 つは主節の後に置いて「〜は言うまでもない」の「〜」の部分を後ろに続ける。

総まとめ POINT 74 / 「〜は言うまでもない」

needless to say ／ to say nothing of ／ much less ／ let alone

---

10 正解：①　　　　　　　　　　　　　　　　　　　　分　詞

訳：本を閉じてただ先生の言うことを聞いているだけで、役に立つことがある。

空所の前の with を**付帯状況の with** と考えると、**your book と close** が受動の関係で意味が通るので、**過去分詞の①が正解**。③は with Ｏ Ｃ の Ｏ と Ｃ が能動の関係のときに使う。

2

1 正解：⑥－⑤－①－③－②－④　　　　　　　　　　　　仮定法

完成した英文：There is so little rain in Egypt that the whole land would be desert, (if it were not for the Nile).

⑥、⑤、①、③、②から、**if it were not for**「〜がなかったら」を推測して、**if it were not for the Nile** で完成。川の名前には the を付け、the Tone「利根川」、the Nile「ナイル川」、the Amazon「アマゾン川」のように表す。後ろに River が省略された表現。

---

2 正解：⑤－①－⑥－③－②－④　　　　　　　　　　　　関係詞

完成した英文：My father often said jogging is (to the body what reading is to) the mind, but I never saw him do either.

訳：私の父は、体にとってのジョギングは、脳にとっての読書と同じようなものだと言っていたが、彼がどちらをするのも私は見たことがなかった。

空所の前の jogging is と選択肢から、**A is to B what C is to D**.「A と B との関係は、C と D との関係と同じだ」を推測する。〜 jogging is **to the body what reading is to** the mind, 〜. で完成。

---

3 正解：①－③－⑥－②－⑤－④－⑦　　　　　　　　　形容詞・接続詞

完成した英文：Suddenly (I realized that our supposed strength was) a potential weakness.

「わたしはふと、〜気づいた」と①、③、⑥から、**名詞節の that** を使って、

Suddenly **I realized that**まで並べる。「自分たちの強みだと考えていたもの」と⑤から、**supposed** 名詞 「 名詞 と考えていたもの」を推測して、**our supposed strength was** a potential weakness. で完成。

■ **4** 正解：②-⑤-③-④-① 　　　　　　　　　　　　　　関係詞

完成した英文：I would rather have a company of my own, (however small it may be).

「どんなに小さくても」と②、⑤から、**however** 形容詞 S **(may) V**「(たとえ)どれほどSが 形容詞 でも」を推測して、**however small it may be**で完成。複合関係詞が譲歩の意味で使われるときはmayとセットで使われることがあるのをおさえておく。⑥が不要語。

■ **5** 正解：①-③-⑧-⑤-⑦-⑥-④-② 　　　　　　　　　　　　文　型

完成した英文：The newspapers said (that successive financial scandals cost the president many votes).

「～と新聞は報じた」と、空所の前のThe newspapers said、①から、名詞節のthatを推測して、The newspapers said **that**まで並べる。「たび重なる金融スキャンダルのために、大統領は多くの票を失った」と、⑦から、**cost O$_1$ O$_2$**「O$_1$のO$_2$を奪う」を推測して、**that successive financial scandals cost the president many votes**. で完成。

3

■ **1** 正解：③ ⇒ no 　　　　　　　　　　　　　　　　　　　熟　語

訳：先週の日曜日、ジェイソンは映画『スターウォーズ』の最新版を観に映画館に行ったが、その映画はもはやそこで上映していないとわかっただけだった。

②の **only to do**は「～したが、…だけだった」と逆接の関係を作るので、「『スターウォーズ』の最新版を観に映画館に行ったが、その映画は**もはや**そこで上映して**ない**とわかっただけだった」と意味を読み取る。③の後ろのlongerから、**no longer**「もはや～ない」を推測して、③を**no**にするのが正しい形。①「行った」、②「～したが、…とわかっただけだった」、④ was playing「上映していた」のplayingで問題のない表現。

■ **2** 正解：① ⇒ industrial 　　　　　　　　　　　　　　　形容詞

訳：あなたは、空港近くの古い産業ビルの多くが超高層ビルに取って代わられたのを見たことがありますか？

①の industriousは「勤勉な」という意味で、buildingsを修飾する単語ではない。industrial「産業の」とすればbuildingsを修飾する語として適当なので、①を

industrialにするのが正しい形。②「〜に近い」、③「〜に取って代わられた」、④「超高層ビル」の意味で問題のない表現。

3 正解：④ ⇒ might have gone unpunished　　　仮定法

訳：飲酒運転に対する厳しい法律が可決していなかったら、この犯罪は罰せられなかったかもしれない。

　　①から仮定法過去完了を推測して、主節は**助動詞の過去形＋ have p.p.**で表すので、④を **might have gone unpunished** にするのが正しい形。①「可決がなかったら」＝「可決していなかったら」、②「〜に対する厳しい法律の」、③「飲酒運転、この犯罪」の意味。

4 正解：② ⇒ took us only a few minutes　　　文 型

訳：私たちは日本での旅行のスタートに、そのホテルに一晩滞在した。立地は申し分なく、空港を出た後にホテルを見つけるのに、数分しかかからなかった。その部屋はとても清潔で、いくぶん狭かったが、一晩泊まるには十分だった。

　　②は、**it takes O_1 O_2 to do ~.**「O_1が〜するにはO_2がかかる」を推測する。「空港を出た後にホテルを見つけるのに、数分しかかからなかった」と意味が通るので、②を **took us only a few minutes** にするのが正しい形。①「〜のはじまりに」、③「〜を出発した後に」、④「〜には十分だ」の意味で問題のない表現。

5 正解：① ⇒ Elected[Having been elected]　　　分詞構文

訳：直近の選挙で過半数の票を得て選ばれたあと、その市長は医療にかなりの根本的な改革をほどこした。

　　Doing ~, SV. の形なので、分詞構文と推測する。Sである the mayor と elect「選ぶ」は**受動の関係**なので、①を**過去分詞の Elected[Having been elected]** にするのが正しい形。受動態の過去分詞の場合、文頭の Being や Having been は省略されることが多い。②は make a reform「改革をする」の reform に修飾語が付いて、現在完了の has made になった形。③「非常に多くの」、④「医療に」の意味で問題のない表現。

【著者紹介】

肘井　学 (ひじい・がく)

◉——慶應義塾大学文学部英米文学専攻卒業。全国のさまざまな予備校をへて、リクルートが主催するネット講義サービス「スタディサプリ」で教鞭をとり、高校生、受験生から英語を学びなおす社会人まで、圧倒的な満足度を誇る。

◉——「スタディサプリ」で公開される「英文読解」の講座は、年間25万人の生徒が受講する超人気講座となっている。さらに「東大英語」「京大英語」を担当し、受講者に多くの成功体験を与えている。

◉——週刊英和新聞「朝日ウィークリー（Asahi Weekly）」にてコラムを連載するなど、幅広く活躍中。

◉——著書に『大学入試肘井学の読解のための英文法が面白いほどわかる本』『大学入試肘井学のゼロから英語長文が面白いほどわかる本』『大学入試ゼロから英文法が面白いほどわかる本』（KADOKAWA）、『大学入試すぐわかる英文法』『大学入試すぐ書ける自由英作文』『大学入試絶対できる英語リスニング』（教学社）、『高校の英文法が1冊でしっかりわかる本』『大学入試 レベル別英語長文問題ソリューション［1〜3］』『同　最新テーマ編［1〜3］』（かんき出版）などがある。

かんき出版 学習参考書のロゴマークができました！

明日を変える。未来が変わる。

マイナス60度にもなる環境を生き抜くために、たくさんの力を蓄えているペンギン。
マナPenくんは、知識と知恵を蓄え、自らのペンの力で未来を切り拓く皆さんを応援します。

マナPenくん®

大学入試 レベル別英文法問題ソリューション ラストスパート2 ハイレベル

2024年7月29日　　第1刷発行

著　者——肘井　学

発行者——齊藤　龍男

発行所——株式会社かんき出版
　　　　　東京都千代田区麹町4-1-4 西脇ビル　〒102-0083
　　　　　電話　営業部：03(3262)8011代　編集部：03(3262)8012代
　　　　　FAX　03(3234)4421　　　　　振替　00100-2-62304
　　　　　https://kanki-pub.co.jp/

印刷所——シナノ書籍印刷株式会社